# 프랑스 음식문화

# 차례

Contents

# 내 안의 미식가

유학시절 처음 만난 프랑스 요리, 와인과 함께한 세월이 20년도 더 넘었다. 인생의 중반을 살아가며 뒤돌아보면 그 세월 속에 반은 프랑스가 자리를 잡고 있다. 많은 추억 속에서도 그곳에 사는 소박한 사람들이 지니고 있던 장인정신은 문화적 깊이와 함께 내게 많은 영향을 주었던 것 같다. 운 좋게도 좋은 친구들을 많이 만났고 그 우정은 아직도 지속하고 있다. 유학시절, 젊은 그들의 공부하는 방식이나 성공에 목을 매지 않는 자유로움을 얼마나 부러워했는지 모르겠다. 그 부러움이 나로 하여금 프랑스 문화에 탐닉하게 했고, 이는 이후 내 인생에 밑바탕이 되었다.

지금도 프랑스에 가면 유학시절에 다니던 레스토랑을 가보곤 한다. 아직도 같은 자리에서 같은 주인이 운영하고 있는 것을 볼 때면 참 부럽다. 한국에서 프랑스 요리 전문점을 17년간이나 운영하며 내가 알게 된 사실은 한국은 외식산업이 대를 이어 전통으로 이어가기에는 어려운 곳이라는 것이었다. 아무리 열정과 스토리가 있는 곳이라도 그걸 알아주고 공감할 수 있는 시장이 너무 좁았다. 하루가 멀다고 바뀌는 트렌드와 정보의 열풍 속에 전 세계에서 좋은 것 빠른 것은 모두 들어와 인스턴트로 소비되는 서울에서 작은 레스토랑이 비바람을 견딜 힘은 없었다. 수십 년간 대를 이어 운영하고 살아남으려면 직접 요리를 만드는 사람이 자기의 이름을 걸고 운영해야 가능할 것 같다. 최근 다행스럽게도 이런 빛이 조금씩 보이고 있다. 한국에도 오너 셰프가 운영하는 작은 레스토랑들이 점점 많아지고 있는 것이다. 산업화한 대형 레스토랑도 좋지만 주인과 교감할 수 있는 느리고 작은 공간을 가진 아기자기한 레스토랑도 꼭 필요하다. 사회가 바빠지고 기계문명이 발달할수록 사람은 느리게 뛰는 심장을 가지고 있다는 것을 더 절실하게 느끼게 된다. 사람은 결코 기계로만은 충족되지 않는 존재다. 이 작은 책이 조금이나마 느린 삶으로의 시간을 붙잡아주길……

# 오뜨뀌진(Haute Cuisine), 권력의 맛

모녀지간인 프랑스 요리와 이탈리아 요리

별생각 없이 음식을 먹다 보면 프랑스 요리와 이탈리아 요리, 스페인 요리 등 모두 서양 요리인데 딱히 국적이 뭐가 다른지 특징을 알 수 없는 경우가 많다. 한국의 외식문화가 퓨전화되어 있는 이유도 있고 사실 현대의 서양 요리가 18~19세기 이후 프랑스에서 정립된 조리법이 유럽 전체로 확산하여 비슷하게 적용된 이유도 있다. 프랑스 요리를 알기 위해서는 먼저 서유럽 요리의 대표격인 프랑스와 이탈리아 요리를 비교해보면 확실히 알 수 있다.

모든 서양문화의 원류가 로마에서 서유럽으로 흘렀듯이 우리가 지금 먹고 있는 대부분 서양 요리 또한 로마에 기원을 둔다. 오늘날과 같은 통일 국가로서의 이탈리아는 19세기에 들어서야 시작되었지만 그 요리의 역사는 기원전 4세기부터 시작되었다고 여겨진다. 이탈리아 반도는 북쪽은 유럽 대륙에 접하고 있고 동쪽으로는 그리스, 남쪽으로는 지중해 건너 아프리카와 오리엔트에 접하는, 너도나도 한 번씩은 흔적을 남겼던 세계사의 현장이었다. 게다가 중세후기부터 베네치아나 제노바 등의 항구도시는 오리엔트뿐만 아니라 실크로드를 거쳐 아시아로부터 들어오는 각종 향신료와 비단, 금 등이 유럽으로 들어오는 대문 구실을 하였다. 그래서 아직도 이탈리아 북부 지역에는 독일식 요리와 고대 로마식 요리의 특징이 서로 겹쳐지는 흔적이 남아 있으며 남쪽의 나폴리나 시칠리아 등에는 아랍이나 아프리카 문화에 기원을 둔 요리들이 남아있다. 로마의 속국이었던 갈리아(Gallia, 현재 프랑스 땅의 옛 이름)는 로마로부터 최초의 문명화된 요리를 접할 수 있던 곳이었다. 빵과 와인뿐 아니라 동과 철을 이용한 그릇들, 여기에 찌거나 삶아 먹는 음식까지 모두 로마에서 받아들인 것이었다.

먼저 이탈리아 요리를 살펴보자. 한반도보다 1.5배 정도 큰 반도국가임에도 로마를 품에 안았던 나라라서 그 문화의 깊이만큼은 대국적인 만만디 기질이랄까? 정열적이지만 국민성 자체는 느긋하면서 여유가 있다. 이탈리아인의 패션과 민족성은 감각적이지만 체계가 별로 없는 반면 프랑스는 계산적이고 섬세하다. 성향이 요리에도 고스란히 묻어난다. 이탈리아는 피자와 파스타 외에는 지역마다 전통 요리가 산재해 있는데 이를 전체로 묶어주는 범국가적인 고품격 이탈리아 요리의 개념은 없다. 프랑스 요리보다 상대적으로 고기나 생선 요리가 덜 발달하여 있고 조리법이 단순, 투박한 것도 특징이다. 본 메인 전에 먹는 프리모 피아토(Primo Piatto, 첫 번째 요리)에는 피자, 리소토, 파스타 등 탄수화물류 요리가 발달해 있고 말할 것도 없이 별걸 다 올리브유에 조리한다. 전채 요리도 올리브유에 간단하게 절인 차가운 것들이 많다.

반면 프랑스는 지역마다 향토 요리나 가정식 요리가 있지만 그 위에 이런 레시피들을 정교하게 다듬어 높은 버전으로 재탄생시킨 고급 요리가 따로 있다. 프랑스어로 오뜨뀌진(Haute Cuisine)이라 하는데 그야말로 철저히 왕족과 귀족들의 식도락에서 유래한 것이다. 지역의 서민들이 먹던 전통 가정식이나 외부에서 들어온 음식재료를 궁정 요리사들이 의식적으로 손질하고 창의력을 가미한 메이드인 프랑스의 전통 요리 사치품이라 보면 되겠다. 즉, 배부른 이들의 음식문화인 만큼 배를 채우기 위한 목적을 가진 요리가 아니라 맛과 더불어 눈을 즐겁게 하는 세련된 스타일링이 중요한 요리라는 말이다. 그러다 보니 레스토랑에서 요리사가 해 주지 않으면 집에서는 만들어 먹기 어려운 요리들이 많다.

프랑스는 이탈리아가 오랜 세월 로마로부터 물려받은 음식문화를 짧은 순간에 수입하여 완전히 흡수했을 뿐 아니라 진화까지 시켰다는 데에 중요한 의미가 있다. 로마는 헬레니즘 문화로부터 각종 향신료와 음식재료를 전수받아 이탈리아에 물려주었고 프랑스인들은 이를 전폭적으로 수용한 후 멋지게 포장하여 명품화시키기에 이른다. 이는 르네상스 시대 이후 예술의 흐름과도 그 맥을 함께 한다. 1527년 로마가 카를 5세에게 함락된 후 이탈리아의 찬란했던 르네상스 문화는 서서히 빛을 잃어가며 그 중심축이 서유럽으로 이동하게 된다. 바로 그 축의 중심이 프랑스였다. 절대군주제가 탄탄하게 자리 잡기 시작한 프랑스는 이탈리아로부터 흡수한 문화를 기반으로 17세기부터 찬란한 문화의 꽃을 피우기 시작했다. 뿌리가 로마고 줄기가 이탈리아였다면 그 열매는 꽃을 피운 프랑스가 거두어들인 격이다. 르네상스 말기에 프랑스에 도입된 이탈리아 요리는 프랑스 왕실로 낙하산을 타고 안착했고 왕과 귀족들의 구미에 맞게 각색되어 갔다. 중앙집권체제가 안정되어 농업기반들이 국가의 세수로 확보되자 준비된 나라 프랑스는 그때부터는 일사천리였다. 이는 공화정의 이념을 이상으로 삼던 이탈리아의 좁아터진 도시 국가에서는 꿈도 못 꿀 일이었다. 이탈리아 요리는 돈을 주고 산 용병들이 지키는 퇴색한 도시 국가 안에서 서민 요리로 남을 수밖에 없었다. 왕과 상비군이 없는 도시에서 요리란 기껏해야 언제 밀려날지 모르는 공작이나 세뇨리아(señoría, 재판관이나 국회의원 등에 붙이는 경칭)의 테이블을 위한 것이었을 뿐 왕권신수설의 후광을 입은 국왕의 영광스러운 테이블까지는 올라가지 못했다. 그러다 보니 프랑스 요리는 고급스러운 이미지를 갖지만 이탈리아 요리는 서민적인 느낌이 들게 되었다. 왜냐하면 프랑스가 음식재료와 스타일링, 테이블 장식뿐 아니라 우아한 예절로 '먹는다'는 행위 자체를 극도로 미화시킨 오 뜨뀌진으로 요리 문화를 발전시키는 동안 이탈리아는 소박하고 향토적인 트라토리아(Trattoria, 간단한 음식을 제공하는 이탈리아 식당) 요리로 방치되었기 때문이다.

그러나 프랑스 요리가 이탈리아 요리와 비교하면 다양하면서도 섬세하고 기술적으로 발전할 수 있었던 배경은 단순히 한 가지 이유만으로는 설명할 수 없다. 역사는 언제나 총체적으로 연관되어 움직이기 때문이다. 게다가 민족적인 자질이 없었다면 아마도 배부르게 먹고 취하는데 그쳤을지도 모르겠다. 프랑스인의 조상이 되는 골족은 미각이 발달하고 새로운 경험을 두려워하지 않는 인종이었다. 이런 천성적인 DNA까지 더해지니 모든 조건이 시너지 효과를 일으켰다. 워낙 땅덩어리가 좋아 먹을거리가 풍부한 데다 낙천적인 성격에 탐식하기를 즐기는 프랑스의 지배자들은 이탈리아로부터 들어온 음식문화에 매료되었고 여기에 올인하기 시작했다. 거기다 광대한 평야에서 생산되는 풍부한 곡식과 축산물 및 지중해와 대서양의 광활한 바다에서 수확되는 해산물 등 프랑스의 자연조건은 신의 은총이라고밖에 말할 수 없다. 또한 지리적으로 대서양에 넓게 면하고 있어 신대륙이 발견될 가능성이 높고 무역의 중심이 지중해에서 대서양으로 넘어오면서 이득을 보게 된 것도 한몫했는데, 과거 이탈리아 상인들에게 비싼 값을 주고 사던 향신료나 음식재료도 신대륙에서 훨씬 싼 가격에 더 많이 공급받을 수 있었다. 게다가 세계 최고의 고급 와인이 생산될 수 있는 지리적 조건을 가진 점도 크게 작용했다.

　프랑스가 이런 눈부신 발전을 이룩하는 동안 이탈리아는 19세기까지 통일국가를 이루지 못한 채 분열을 거듭하고 있었다. 이 과정에서 문화가 단절되거나 정체되어 버렸다. 결국, 이탈리아 요리는 조리의 형태나 재료의 독특함만이 남아 향토 요리 정도로 명맥만 유지되고 말았다. 와인도 중구난방 가내식 양조로 오랫동안 품질관리가 되지 않다 보니 그 오랜 역사를 지니고도 세계시장에서 인정받지 못했다. 게다가 아이러니하게도 고기 요리가 상대적으로 덜 발달해 메인 요리를 먹기 전에 탄수화물로 배를 가득 채우는 이탈리아 음식문화는 곧 패스트푸드의 타겟이 되었다. 미국인들은 이탈리아 요리의 프리모 피아토가 패스트푸드화하기 좋다는 것을 알았다. 미국을 통해 전 세계에 소개된 이탈리아 요리는 진한 양념 맛에 케첩으로 뒤범벅되어 싸구려라는 이미지까지 함께 붙은 것이다. 여기에 감각이 발달한 일본도 가세했다. 이탈리아적인 조리법을 사용하여 일본이 대중적인 체인점용 요리를 내놓자 결국 '이탈리아 요리는 곧 대중 요리다'라는 인식이 굳어진다. 그런 이탈리아도 이게 아니다 싶어 1960년대에 들어 뒤늦게 프랑스의 농산물 품질관리체제인 AOC(Appellation d'Orgine Controlee, 프랑스의 농산물과 식료품 분야에서 법규로 통제하는 원산지명칭) 제도를 도입하고 DOC(Denominazione di Origine Controllata, 통제원산지명칭) 제도도 만들어 품질관리에 박차를 가하기 시작했다. 그 결과 최근에는 올리브유와 야채를 많이 쓰는 이탈리아 요리가 웰빙의 이미지

와 함께 우리에게 친근하게 다가올 수 있는 커다란 강점이 될
수 있었다.

## 프랑스 요리를 낳은 왕비들

프랑스 르네상스의 아버지라 불리는 프랑수아 1세는 근대
프랑스의 문을 연 주인공이다. 이탈리아를 집어삼키지 못해 안
달복달하며 틈만 나면 국경을 넘어 침략을 일삼던 선대 왕들
덕분에 선진 이탈리아 인문주의자들을 초청해 교육을 받고 자
란 프랑수아 1세의 이탈리아 사랑은 끝이 없었다. 그 역시 침
략은 했지만 선대와는 달리 그곳에서 빛나고 있던 문화를 본
것이다. 결국 그가 이탈리아에서 얻어낸 위대한 두 인물이 며느
리인 '까트린느 드 메디치'와 '레오나르도 다빈치'였다.

1515년 9월 프랑스의 새 국왕이 된 프랑수아 1세는 밀라노
를 재정복했고 그해 12월에 볼로냐에서 메디치가 출신인 교황

프랑수아 1세(Francois 1er)

레오 10세와 회담을 했다. 여
기에서 레오나르도 다빈치와
인연을 맺은 그는 큰 감명을
받았다. 이탈리아에서 화가보
다는 엔지니어에 가까운 대
접을 받고 공사장에서 시간
을 보내며 별 볼일 없이 지내
던 이 늙은 예술가 안에 감추
어진 천재성과 철학적 감성을

엿보았던 것이다. 다음 해에 프랑수아 1세는 말년의 다빈치를 프랑스로 초청해 자신이 어린 시절을 보냈던, 루아르 강가에 포도원이 딸린 저택 클로 드 뤼세(Clos de Lucé)를 내어주고 여생을 보내도록 했다. 왕은 진정으로 다빈치를 존경해 물심양면으로 후원을 아끼지 않았다. 왕

레오나르도 다빈치
(Leonardo da Vinci)

은 지하의 비밀 통로를 통해 수시로 다빈치를 방문했고 '아저씨'라 부를 정도였다고 하니 프랑수아 1세가 다빈치를 얼마나 아꼈는지 그 마음을 느낄 수 있다. 그러나 이런 호사를 다빈치는 오래 누리지 못했다. 1519년 다빈치는 67세의 나이로 프랑스 앙보아즈에서 죽음을 맞이했는데 국왕의 팔에서 숨을 거두었다는 전설이 전해진다. 확인되지 않은 사실이긴 하지만 이는 뒤에 오는 최고의 화가 장 오귀스트 도미니크 앵그르에게 영감을 주어 그의 명작 「레오나르도 다빈치의 죽음」을 그리게 했다. 로마제국의 합법적인 상속자이자 동방 무역으로 일찍부터 부귀영화를 누려 천재들이 차고 넘치던 이탈리아에서는 이 피렌체의 거장이 엔지니어 취급을 받았지만 프랑스는 진정한 화가와 예술가로 존중했던 것이다. 프랑수아 1세 덕분에 지금 루브르에 걸려있는 세기의 명작 「모나리자」는 이탈리아가 아닌 프랑스의 자랑스러운 문화유산이 되었다.

장 오귀스트 도미니크 앵그르, 「레오나르도 다빈치의 죽음」, 1818

　그 뿐 아니라 프랑수아 1세는 1553년 메디치가의 공녀 까트 린느 드 메디치를 며느리로 들이게 된다. 물론 이 결혼에는 많 은 정치적 계산과 금전문제 등이 얽혀있었지만 이 중에서도 프 랑수아 1세가 가장 탐낸 것은 피렌체의 발전된 문화였음은 말 할 것도 없다. 이탈리아 최고의 문화 도시이던 피렌체에서 자 란 까트린느 드 메디치가 프랑스 왕실로 시집을 온 것은 프랑 스 오뜨뀌진의 도화선이 되었다. 그녀는 시집을 오면서 피렌 체의 내로라하는 요리사와 가신을 파리로 한 부대나 몰고 왔 다. 독약만큼 향신료를 잘 쓰기로 유명했던 메디치가의 식솔들 은 식탐에 둘째가라면 서러워할 프랑스 상류사회에 일대 혁명 을 일으켰다. 이들은 그동안 묵직한 음식을 배에 처넣기만 하 던 귀족들에게 과일과 야채를 이용한 가벼운 메디치가의 메뉴들과 옥수수, 토마토, 바닐라 등과 같은 신세계의 곡물을 유행시켰다. 이렇듯 궁중에서 요리에 관한 관심이 점점 높아지자 요리사들은 새로운 조리법을 개발하는 데 열을 올린다. 그 예로 이탈리아에서 귀족들의 요리에 사용되던 버터는 프랑스 상류사회의 상징으로 여겨졌고 신대륙에서 들어오는 야채를 사용하여 예술적으로 가니쉬(Garnish, 음식의 외형을 돋보이게 하려고 음식에 곁들이는 것)를 만들어 장식하기도 했다. 에샬로뜨(echalote, 양파의 일종)나 시불(Ciboule, 실파의 일종), 엔쵸비(anchois) 또는 송로버섯 같은 프랑스적인 음식재료가 차차 중세 시대에 유행하던 동방의 강한 향신료를 대신하기 시작했다. 게다가 식당과 주방을 분리하고 포크를 사용하는 등 우리가 지금 누리고 있는 대부분 주방 문화가 이 시대 궁중에 도입된 것이다.

국왕 프랑수아 1세는 이들이 가져온 다양한 선진 문물에 "바로 이거다!"라며 무릎을 탁 쳤고 곧 체계적으로 요리사를 양성하기 시작했다. 여기에 프랑스의 전 국토를 빽빽하게 나누고 있던 수많은 봉건 영지와 수도원, 교회는 먹고 놀기 좋아하는 프랑스인들의 기질을 유감없이 발휘할 수 있도록 큰 몫을 한다. 기독교 축일을 빙자해 향연을 베풀고 지역마다 특색 있는 축제도 만들어 발전시켰다. 그때까지 단순히 '배 채우기'였던 음식을 먹는 행위가 즐거움과 연관된 '식도락'으로 발전하며 '미식'이라는 개념이 생긴 것이다. 이런 음식문화의 전통은 16세기 초 종교개혁의 엄격한 청교도 정신에도 수그러들 줄 몰랐다. 프랑스 교회는 유독 먹는 것에는 관대했다. 오히려 교회를 중심으로 치즈나 목축 및 포도주 제조가 발달했는데 물론 이중 상당수가 성직자들이 먹고 마시기 위한 것이었다.

까트린느 드 메디치
(Catherine de Medicis)

까트린느 드 메디치뿐 아니라 그 이후 정략결혼으로 프랑스 왕실로 시집을 온 외국 왕비들은 모두 요리를 중요시했다. 비참한 일이지만, 궁정에 있는 아름다운 귀부인들의 치마폭에서 놀아나는 왕의 관심을 조금이라도 자신에게 끌기 위해서는 특별한 요리로라도 왕을 유인해야 했을 것이다. 우리에게 '마고 여왕'으로 더 잘 알려진 까트린느 드 메디치의 딸 마르그리트 드 발루아는 나바르의 공작(훗날 앙리 4세)과 결혼하지만 안팎으로 애정관계가 복잡했던 이들의 결혼은 평탄치 못했고 자식도 없었다. 그런데 문제는 마르그리트의 세 오빠도 차례로 국왕이 되었다가 후사 없이 요절하고 선왕이던 프랑수아 1세의 형제들도 모두 자식 없이 죽었다는 것이다. 결국 프랑스의 왕위는 서열상 마르그리트의 남편인 나바르 공작에게로 돌아가고 그는 앙리 4세로 왕위에 오른다. 나바르 공작의 어머니가 프랑수아 1세의 여동생이었기 때문이다. 더 재미있는 것은 나바르 공작이 마르그리트 공주와 이혼한 후 머리를 굴려

15

서 재혼상대로 택한 것이 바
로 장모였던 카트린느 드 메
디치의 사촌인 마리 드 메디
치였다. 그녀는 루브르에 걸
린 루벤스의 불후의 명작 시
리즈에 등장하는 주인공이
기도 하다. 마리 드 메디치
역시 역사에 기록될 만한 지
참금과 함께 요리사를 대거
대동하고 시집을 왔다. 마리

앙리 4세(Henri IV)

왕비와 함께 이탈리아 문화는 파리에 완전히 정착하였고 나바
르 공작과 함께 프랑스는 화려한 고전주의와 바로크 시대로 가
는 항해를 시작한다.

궁중에 조리법을 유행시킨 것은 이탈리아 왕비들만이 아니
었다. 앙리 4세의 후손인 루이 15세는 폴란드의 공주 마리 레
진스카와 결혼했는데 그녀 역시 퐁파두르 공작부인에게 홀려
있던 루이 15세의 입맛을 잡기 위해 눈물겨운 노력을 했다. 그
녀의 아버지인 폴란드 왕 스타니슬라스는 왕위에서 쫓겨나 프
랑스의 로렌지방에 영주로 머물고 있었는데 딸이 남편의 마음
을 잡을 수 있도록 여러 가지 요리법에 훈수를 두었던 것으로
유명하다.

또한 루이 16세의 왕비였던 마리 앙투아네트는 현재 프랑스
모닝 빵의 상징이 된 크루아상을 파리에 유행시킨 주인공이다.

크루아상(croissant)

크루아상은 독일어로 키펠이라 하며 원래 오스트리아에서 만들어진 빵이다. 그 유래는 다음과 같다. 1683년 오스만 터키군이 빈까지 쳐들어와 도시를 포위하고 진을 쳤다. 터키군은 도시가 모두 잠에 빠져든 어두운 밤을 이용해 몰래 공격을 감행했는데 이른 새벽부터 일하는 제빵사들이 이를 발견하고 도시에 경보를 울려 적을 물리친 것이다. 오스트리아 제빵사들은 이 승리를 기념하여 오스만 터키군의 상징인 초승달 모양의 빵을 만들었다고 한다. 1770년 프랑스로 시집을 온 오스트리아의 공주 마리 앙투아네트는 베르사유에 이 빵을 소개했고 1837~1838년경 오스트리아인인 오귀스트 장과 에른스트 슈바저가 파리의 리슐리외 거리에 빵집을 내고 크루아상을 비롯한 빈(Vienna)식 빵을 판매하며 파리 전역으로 유행하기 시작했다. 서양의 유명한 조리사들은 모두 남성이었지만 안주인들 역시 요리의 전통에 한몫을 하는 것은 동양과 다름이 없는 듯하다.

오뜨뀌진의 마케터, 국왕

프랑스 요리의 기원은 단순히 프랑스의 토속 요리에서 자연

17

스럽게 발전된 것이 아니다. 화려한 왕정시대를 지나며 철저히 기획되고 마케팅된 요리인 것이다. 프랑스만큼 요리 자체가 문화와 정치의 역사이고 요리사가 그 시대 최고 권력자들의 측근이었던 국가는 없었다. 이탈리아 르네상스의 새로운 물결에 정신을 빼앗긴 프랑스 권력자들은 하나의 문화 아래 단결된 강력한 프랑스를 꿈꾸었다. 그 문화의 한 축을 이룬 것이 요리였다. 순수 예술이나 인문학은 시간이 오래 걸리는 분야지만 미각으로 느끼는 요리는 즉각적인 표현예술이라는 것을 직감한 것이다. 게다가 식욕이라는 가장 본능적인 욕구에 저항할 수 있는 인간이란 거의 없다는 것도 잘 알고 있었다. 그래서 프랑스의 권력층은 요리법을 수집하여 레시피를 정리하고 요리사들을 양성하여 이들을 장기판의 조커(Joker)처럼 사용했다. 중세 말, 평민 출신의 셰프 타이유방은 귀족 작위를 받았는데, 이는 현대에도 요리사에게 대통령 훈장이 수여되기도 한다. 게다가 프랑스인들 특유의 체계적이고 창조적인 성격과 만나 몇백 년간 모인 레시피들은 음식문화의 거대한 풀(pool)이 되었다. 결국 프랑스 고급 요리는 권력층과 요리사가 전략적으로 만들어낸 구성이 탄탄한 드라마와도 같다.

독살이 성행하던 왕정시대에 왕의 가장 가까운 곳에 있던 요리사는 완전한 신뢰를 의미했다. 그 당시 왕은 수많은 여자와 전쟁, 탐식 등으로 몸이 만신창이가 되다 보니 단명하는 경우가 많았다. 그래서 장수한 요리사는 확고한 위치를 다져 왕을 삼대까지 모신 예도 있었다. 찬란했던 로마제국과 중국도 요리를 프랑스처럼 정치적 수준까지 끌어올리지는 못했다. 프랑스의 특이한 점은 집권층이 요리를 정치력 일부분으로 사용했다는 것이다. 프랑스인들의 기질이 워낙 먹고 즐기는 것을 좋아하다 보니 적도 맛있는 음식을 먹으면 부드러워진다는 것을 잘 알고 있었던 것이다. 때로는 권력을 과시하기 위하여, 때로는 외교적인 목적으로 이들은 요리를 전면에 내세웠다.

프랑스의 독창적인 면은 바로 군주가 프랑스 오뜨뀌진의 마케터였다는 점이다. 게다가 15세기 말에 보급된 인쇄술과 종이는 책의 대중화, 즉 지식의 평준화를 가져오는 첫 단추를 풀었다. 그동안의 책이란 필사가들이 양피지에 손으로 한 자 한 자 필사하였기에 그 값이 어마어마해서 성직자나 귀족들이 아니면 감히 넘볼 수 없는 것이었다. 게다가 로마 멸망 후 일상생활에서 쓰지 않는 죽은 언어인 라틴어로만 책이 쓰이니 이는 특별한 교육을 받은 계층만이 읽을 수 있었다. 하지만 인쇄술의 보급은 사회계층 간 지식의 단절을 파괴하기 시작

『르 비앙디에(Le Viandier)』

한다. 깨우치기 쉬운 대중 언어로 쓴 책이 점점 많아지자 독자는 점점 더 늘게 되었다. 이는 요리분야도 예외가 아니었다. 현대처럼 조리 시간이나 정확한 재료가 적힌 레시피는 아니지만 이를 대략 기록한 요리책도 나오게 된다. 17세기에 앙리 4세를 모시던 셰프 라바렌은 최초로 프랑스 요리를 조목조목 정리한 일종의 백과사전인 『르 비앙디에(Le Viandier)』를 써서 프랑스의 요리 역사에 남았다. 이때부터 프랑스는 특유의 조직적인 기질로 이탈리아로부터 전수받은 요리 노하우에 전국에 산재한 토속 요리들과 신대륙으로부터 들어오는 새로운 음식재료들을 사용한 창작 요리 등을 체계적으로 정리하기 시작했다. 바로 이것이 프랑스 요리가 세계 최고의 레시피 종류를 자랑하는 이유다.

앙리 4세와 함께 17세기 프랑스의 음식문화는 비약적인 발전을 하며 근대화를 이루었다. 그는 백년전쟁으로 피폐해진 프랑스 국민에게 "모든 프랑스인이 일요일에는 적어도 닭고기를 먹을 수 있어야 한다"고 천명했다. 이는 프랑스의 오랜 전통이

꼬꼬뱅(Coq au vin)

되었고 '앙리 4세 소스를 얹은 암탉 요리 (Poule sauce Henri IV)'를 비롯해 수탉 스튜인 '꼬꼬뱅(Coq au vin)' 등 여러 가지 국민 닭요리가 태어나

는 계기가 되었다. 이런 앙리 4세의 공언은 전쟁 후의 프랑스 국민을 '맛있는 요리'로 묶어 일체감을 주기 위한 고도의 전략이었다.

반세기 후 왕위에 오른 루이 14세는 요즘 말로 '미식의 종결자'였다. 그는 선왕들의 정치적 그림자가 드리워진 음울한 파리를 떠나 베르사유에 화려한 왕궁을 짓고 자신만의 왕국을 건설했다. 더욱 휘황찬란해진 연회는 절대 군주제의 피라미드적인 정치구조를 반영하는 상징이었다. '에티켓'이라는 말의 어원도 이 시대로 거슬러 올라가는데, 연회 테이블에서 왕의 옆자리에서부터 신임을 받는 순서대로 앉는 자리표를 에티켓이라 했다. 처음에는 궁중에서의 의상과 화법, 태도, 의전 등이 상상을 초월할 정도로 발달하기 시작하여 예의범절은 엄격함을 넘어 과장과 가식의 극치를 달렸다. 궁정인들 사이의 과장된 예절과 가식적인 화술, 여기에 프랑스인 특유의 말장난과 재치는 이 시대부터 시작되었다. 오늘날 TV 토크쇼에서 말발이 떨어지면 대화에 뒤처지듯이, 이 시대에는 화술이 없으면 바보로 취급당하기 일쑤였으므로 귀족들은 말하기 기술을 습득하는데 열을 쏟았다. 이처럼 미식과 대화의 환희에 들떠있던 베르사유는 사치의 정점을 찍었고, 이는 온 유럽의 왕실로 유행되었다. 프랑스인들이 오늘날 한 테이블에 앉아 별것도 아닌 주제로 3~4시간을 수다를 하며 보낼 수 있는 것은 우연이 아니다. 베르사유 궁정의 이런 전통은 프랑스적인 문화의 바탕이 되었고, 귀족들로부터 시작된 식탁문화가 혁명을 거치며 평민들에게까지 퍼져 이제는 DNA에 각인된 것이다. 완벽하게 화장을 하고 잔뜩 부풀린 드레스로 온몸을 휘감은 귀족부인들, 레이디 퍼스트와 온갖 재치로 자신을 꾸미고 여인을 유혹하던 궁정인들, 베르사유는 그 자체가 연극무대였고 주연은 당연히 국왕이었다.

그뿐 아니라 주인공인 왕은 자신이 식사하는 모습을 대중에게 공개했다. 모두가 바라보고 있는 신전에서 엄숙하게 정해진 절차에 따라 제사를 집전하는 제사장처럼 혼자 식사 의식을 치르는 것이다. 이는 현대의 스타들이 무대에서 대중을 매혹하듯 잘 계산된 퍼포먼스였다. 즉, 먹는다는 본능적인 행위를 엄숙한 의전으로 각색해 마치 왕이 신으로부터 특별한 능력을 부여받는 듯한 신비로운 카리스마를 연출하여 대중을 홀리는 것이었다. 인간이 본능적으로 초월적인 힘 앞에서는 약하고 권력에 조금이라도 발을 담가 본 인간들은 권력에 더 다가가려는 열망에 굶주리게 되는 존재라는 것을 왕은 잘 알고 있었다. 그래서 베르사유에서 무한 경쟁을 하던 귀족들은 신과 같은 왕을 조금이라도 더 가까이서 보고 싶은 안타까움에 상사병을 앓았다. 왕이 베푸는 연회에서 왕과 가까운 자리로 초대받는 사람은 정해져 있었지만 이는 항상 바뀔 수 있었다. 초대 명단에 들어있는지, 얼마나 왕 가까운 테이블에 자리가 배치되는지에 따라 그들은 천국과 지옥을 왔다 갔다 했다. 왕은 먹는다는 행위를 정치에 이용하며 인간을 손아귀에 쥔 인형처럼 움직일 수 있었다.

그래서 루이 14세부터 16세에 이르는 베르사유 시대는 진정한 프랑스 오뜨뀌진의 틀이 잡힌 시기였다. 루이 15세가 아끼던 퐁파두르 공작부인이나 루이 16세의 부인이던 마리 앙투아네트 등은 한 시대를 풍미했던 테이블의 예술가들이었다. 루이 14세와 비교하여 자유분방한 성격이던 루이 15세는 대연회나 왕의 식사 의식보다는 사적인 공간을 만들어 절친한 사람들과 즐기는 것을 더 좋아했다. 게다가 아주 섬세한 미식가라 왕실에 주방을 만들어 놓고 스스로 요리를 만들기도 했다고 한다. 이는 금방 귀족들 사이에 유행되어 자기가 만든 요리에 귀족들의 이름이 붙여지기도 했다. 당연히 왕의 이 사적인 공간에 초대를 받는다는 것은 귀족들 사이에서 엄청난 특혜이자 총애의 증명이었다. 루이 16세와 마리 앙투아네트 역시 가장 영향력 있는 사람들을 초대해 과시적인 식사를 하곤 했다. 이런 왕의 식탁을 서빙하는 궁중의 요리장과 시종단은 엄격한 예의범절로 훈련을 받아 프랑스 궁중 서비스의 전통을 만들었고 이는 현대의 최고급 미식 레스토랑 서빙의 규범이 되고 있다.

### 요리에 국가 최고권을 부여한 나폴레옹

1520년 프랑수아 1세가 신성로마제국 샤를로 퀸트 5세에 대항하는 동맹을 맺을 목적으로 영국의 헨리 8세를 위해 감동적인 연회를 연 것에서부터 캄바세레(Cambacérès)에서 정치가들과 함께한 나폴레옹의 연회까지 프랑스에서 요리는 정치적 전략 중 하나였다. 프랑스의 요리사는 가신으로 외교 석상

탈레랑(Talleyrand)

에서 조커 노릇을 단단히 했다. 나폴레옹은 캄바세레에서 요리사들과 가신들에게 다음과 같이 말했다. "최선을 다해 대접하시오, 이는 프랑스를 대표하는 일이오!(Recevez bien, surtout, c'est au nom de la France!)"

게다가 나폴레옹의 외무대신이던 탈레랑은 외교적 승리를 이끌어 낼 때면 요리사들에게 이렇게 외쳤다. "여러분! 여러분이 프랑스를 구했소!"라고 말이다.

프랑스가 특이한 점은 체제가 전복되고 왕조가 바뀌거나, 또는 산업 혁명이 일어나고 심지어 전쟁을 치르고도 이런 기본적인 음식문화에 대한 욕구가 바뀌지 않았다는 점이다. 이 미식의 욕구는 청빈함을 외치던 종교 개혁과 혁명조차도 멈추게 하지 못했고, 구체제가 무너지고 새로운 시대가 오자 이때부터는 오히려 시민이 나서 음식문화의 전통을 유지하고 더 발전시켜 갔다. 애국이나 그 어떤 이데올로기보다 미식이 프랑스의 단결을 이끌었던 것이다. 아마도 진정한 상류 사회는 '미식'에 준한다는 이들의 생활 철학 때문일 수도 있겠다.

앙시앵 레짐(Ancien Régime, 혁명 전의 프랑스 사회인 구제도)의 세련된 군주들과는 대조적으로 코르시카 출신의 군인이던 나폴레옹은 미식에 대해 전혀 관심이 없었다. 먹는 시간조차 아까워하던 그는 느긋하게 식사를 즐기는 프랑스인과는 거리가 멀었다. 성질도 급해 식사시간이 10분을 넘기지 않았고 술도 별로 마시지 못해 한 잔만 마시면 얼굴이 빨개졌다고 한다. 그래서 로마인들처럼 와인에 물을 타 희석해서 마셨다고 한다. 하지만 잘 마시지는 못했어도 그의 와인 사랑은 곳곳에서 발견할 수 있다. 샹파뉴의 '모에 샹동(Moët & Chandon)' 본사에 가면 나폴레옹이 이 포도원의 소유주이던 쟝 레미 모에의 초대로 머물렀던 별채나 또 황제가 좋아했다는 의미가 담긴 '브뤼 임페리얼(Brut Impérial)' 등 그의 흔적을 만날 수 있다. 샴페인의 가치를 인정한 나폴레옹은 출정 전야에 군대의 사기를 북돋기 위해 일종의 제식을 치르곤 했다. 기병대의 긴 칼로 샴페인 병의 목을 치면서 미리 승리의 축배를 들었던 것이다. 샴페인을 오픈하는 이 멋진 방법은 곧 신화가 되어 21세기가 되었어도 여전히 백만장자들의 식탁 이벤트로 오르곤 한다. 부르고뉴의 생베르탱도 나폴레옹이 즐겨 마셔 유명해진 와인이다.

하지만 그는 황제로 등극한 이후 몇 시간씩 계속되는 공식 만찬에는 영 익숙해질 수 없었던 모양이다. 그래서 정말 중요한 만찬이 아닌 이상 외무대신이던 탈레랑에게 맡겨버리기 일쑤였다. 자신이 식도락을 즐기는 체질은 아니었지만 그 역시 프랑스의 요리 외교가 얼마나 중요한지를 잘 알고 있었다. 그래서 아이러니하게도 프랑스 요리가 실제 유럽 무대에 등장하기 시작한 것은 음식문화에 별 일가견이 없던 나폴레옹 시대부터였다. 베르사유 궁정이 그 문화와 패션 및 예법으로 프랑스발 바로크와 로코코를 온 유럽에 전파했다면 나폴레옹 시대는 음식문화로 진정 유럽을 사로잡기 시작했다. 여기에는 프랑스 요리의 진정한 창시자라고 할 수 있는 마리 앙투안 카렘과 세련의 극치에 있던 유능한 외무대신인 탈레랑의 활약이 컸다. 능란한 외교가이던 탈레랑은 감동을 주는 요리의 위력을 알고 카렘을 외교라는

마리 앙투안 카렘
(Marie-Antoine Careme)

장기판 위에 올려 놓았다. 이를 잘 이해한 나폴레옹 역시 물심양면으로 탈레랑을 밀어주었다. 나폴레옹은 1804년에 자금을 대어 탈레랑에게 프랑스 중부에 있는 아름다운 발랑세(Château de Valençay) 성을 사도록 하고 이렇게 말했다. "짐은 그대가 아름다운 영지를 갖기를 원하오, 그리고 그곳에서 멋진 외교사절단과 주요한 외국인사들을 영접하길 바라오." 탈레랑은 곧 이 성을 사교모임의 장소로 리모델링하였다.

여색을 밝히고 패션에도 일가견이 있던 미식가 탈레랑은 이 성에 당시의 최고 요리사이자 파티시에인 카렘을 고용해 멋진 만찬을 베풀곤 했다. 탈레랑은 감각이 아주 까다로운 사람이었는데 카렘은 20년간이나 탈레랑의 미각을 만족시켰다. 탈레랑의 저택에서 일하게 된다는 것은 곧 전 유럽의 수장들에게 프랑스를 대표하여 요리를 대접한다는 의미였다. 카렘은 프랑스 요리의 힘으로 전 유럽의 외교관들을 휘어잡는 요리 외교관의

역할을 톡톡히 하였다. 탈레랑이 주관하던 발랑세에서의 파티는 화려함과 예술성, 그리고 한번에 모여 앉았던 사람들의 신분 등은 그 이전도 그 이후로도 아직 그 기록을 깬 적이 없다고 한다. 이렇게 맺은 인연으로 나폴레옹의 실각 후 그는 런던으로 가서 훗날 조지 5세가 되는 왕자의 시중을 들게 되었고, 이후 러시아의 차르 알렉산데르 1세를 위해 생페테르스부르그도 가게 된다. 훗날 알렉산데르 1세는 탈레랑에게 "카렘은 우리가 뭔지도 모르고 먹던 것이 무엇인지를 알게 해주었다"고 회상하며 그를 일컬어 '왕들의 요리사 중의 왕!'이라 말했다.

대혁명 이후 프랑스는 왕정과 공화정이 반복되는 등 복잡한 사회변화를 겪었지만 그 와중에도 우리로서는 이해하기 어려울 정도로 일관된 하나의 방향이 있었다. 그것은 바로 음식문화에 대한 범국가적으로 일치단결된 상호 투자였다. 갑작스러운 부의 축적으로 신분 상승을 한 부르주아들에게 혁명 이전 귀족들이 누리던 생활풍습은 그들에겐 일종의 콤플렉스였다. 왜냐하면 돈으로 모든 것을 다 살 수 있었지만 애석하게도 오랜 전통으로 몸에 밴 귀족들의 기품과 교양은 살 수 없음을 깨달았기 때문이다. 이들은 귀족의 성에서 일하던 요리사들과 집사들을 고용하고 몰락한 귀족집안의 자손과 결혼을 하여 전통을 얻으면서 자신들에게 부족한 미식의 예술을 학습해 갔다. 군주들이 의도적으로 부추긴 음식문화의 바통을 프랑스 대혁명 이후 부르주아들이 이어받은 것이다. 이와는 반대로 귀족들은 점점 자신들이 입고 있는 전통과 품위가 무겁고 고리타분하다고 느끼게 되었다. 각종 규칙과 겉치레는 너무 답답하여 변해가는 세상에 적응할 수 없었다. 이처럼 부르주아들이 귀족처럼 우아해지고 싶다는 열망, 귀족들이 부르주아들처럼 가볍고 발랄해지고 싶다는 열망이 '미식법'을 한 단계 더 발전시킬 수 있는 계기가 되었다. 이렇듯 전통과 새로움 사이의 교류는 현대 프랑스 요리의 새로운 탄생을 알리고 있었다. 19세기 말이 되면서 시스템적이고 기획적인 프랑스인의 기질은 또 한 번 음식문화에 그 특성을 발휘한다. 정부의 주도하에 지역별 농·특산물들을 정비하여 기후와 토양에 맞는 물품들의 전통과 특성을 보존하기 위한 관리에 들어간 것이다. 가장 먼저 와인이 완벽하게 정리되어 홍보가 시작되었고 곧 다른 농산물들도 이 모범적인 규범을 따르기 시작하였다.

### 길거리로 나온 궁중 요리

1789년 프랑스 대혁명 이후부터 19세기까지는 궁정이 독점하던 음식문화가 대중에게 퍼지게 되고 많은 미식가와 요리사가 거리로 쏟아져 나온 시기다. 파리에서 가장 먼저 유행한 것은 카페였다. 파리에서 가장 먼저 문을 연 카페는 1674년 생제르맹 거리에 생긴 '르 프로코프(Le Procope)'이다. 절대왕정 시대이던 루이 16세 시절에 생겨 21세기인 오늘날까지 그 자리에 있는 유서 깊은 카페다. 이후 50년 후인 1721년경에는 카페의 수가 300여 개로 늘어났다. 그 당시 파리의 면적과 인구를 생각하면 '우후죽순(雨後竹筍)'이라는 말이 딱 맞는다.

르 프로코프(Le Procope) 카페

레스토랑은 카페보다 시작이 조금 늦어졌는데 그 이유는 당시 요리사들이 아직 모두 궁정이나 귀족 저택 소속이었기 때문이다. 하지만 우리나라에도 여행객들이 묵던 주막이나 여인숙이 있었듯 파리에도 '오베르쥬(Auberge)'라는 것이 있었다. 별다른 숙박업소가 없던 그 시대에 여행객들이 묵으면서 식사를 해결하던 곳이었다. 오베르쥬에 딸린 식당은 지금의 레스토랑과 같은 개념이 아니라 일종의 구내식당과도 같았다. 정해진 식사 시간에 묵고 있는 손님들이 내려와 긴 테이블에 앉아 단체로 식사했다. 개인 테이블이나 메뉴판이 있어 각자 요리를 선택하는 것이 아니고 모두가 그날 제공되는 요리를 먹었다. 잠을 자는 투숙객이 아닌 행인도 돈을 내고 식사를 할 수 있었다. 그래서 이때의 전통이 아직도 남아 호텔에서 레스토랑을 겸하는 곳을 오베르쥬라고 한다. 현대의 레스토랑에서 가끔 입구에 놓인 흑판에 '오늘의 요리(Plat du jour)'를 써 놓고 추천하는 것도 이 시절의 추억이라 볼 수 있다.

처음으로 레스토랑과 비슷한 곳이 생긴 것은 카페를 경영하던 블랑제라는 사람이 1765년 오베르쥬를 응용하면서다. 그는 오베르쥬에서 쓰던 긴 단체 식탁이 아니라 카페처럼 홀에 개인 식탁들을 설치하고 걸쭉한 수프나 과일, 치즈 등을 팔았다. 그것도 정해진 시간이 아니라 고객이 와서 요구하면 언제나 음식을 제공했다. 1782년 앙뚜안 보빌리에는 '그랑드 따베른 드 롱드르(Grande Taverne de Londre)'라는 가게를 열어 진정한 현대적인 의미의 레스토랑을 선보였다. 왕족의 요리사로 근무했던 그는 불랑제가 시작한 스타일의 레스토랑에 메뉴판을 만들고 귀족들만 즐기던 궁정식 서빙을 곁들였다. 식탁보(tablecloth)를 덮고 접시를 세팅한 후 손님이 메뉴를 고르면 자신이 만든 요리들을 정중하게 대접한 것이다. 와인도 팔았다. 이 레스토랑이 장안의 화제가 되고 돈 있는 사람들이 너도나도 몰려드는 것은 당연했다.

이어 1789년 프랑스 대혁명은 모든 시민의 삶을 변화시켰다. 상위 5%를 이루며 무위도식하던 귀족 및 성직자와 나머지 95%를 이루던 농민들이라는 단순한 사회구조에도 변화가 왔다. 이러한 기계화와 상업의 발전은 돈으로 신분 상승을 한 부르주아를 탄생시켰다. 이들은 돈이 있으므로 자식에게 가난을 대물림하지 않아도 되었고 이 덕분에 교육을 잘 받은 후손들은 의사, 변호사 등으로 다양한 사회적 계층을 형성하게 되었다. 또한 혁명으로 말미암은 왕정의 몰락은 요리업계에도 대변혁을 가져왔다. 귀족들이 몰락하고 처형되거나 망명길에 오르자 왕궁이나 저택에서 일하던 요리사들은 졸지에 일터를 잃게 되었다. 이들의 선택은 두 가지 중 하나였다. 옛 주인을 따라 망명길을 동행하거나 스스로 창업을 하는 수밖에 없었던 것이다.

혁명 후 바로 파리 시내에는 백여 개의 레스토랑이 생겼고 몇 십 년이 지나자 기하급수적으로 늘어났다. 귀족들만이 누리던 진수성찬이 길바닥으로 나온 것이다. 이제 돈만 내면 왕궁에서만 누리던 그 전설적인 호사를 맛볼 수 있었다. 파리 곳곳에 스며있는 독특한 문화가 시작된 것이다. 왕과 귀족 사회에서 먼저 발전한 문화가 사회 시스템이 붕괴한 이후에도 그대로 전수되어 이렇듯 서민에게까지 완벽하게 골고루 퍼진 예는 역사상 찾기 어렵다. 정치 체제는 바뀌었어도 오히려 문화는 시너지 효과를 일으킨 셈이다.

신석기 시대 이후 엄청난 요동을 쳤던 19세기 산업혁명기간 동안 요리 역시 혁명을 겪었다. 살아남기 위해 자기 가게를 꾸려야 했던 요리사들은 예술가인 동시에 연금술사가 되어 위대한 프랑스 고전 요리를 완성해 갔다. 1815년『파리 미식가 가이드』라는 최초의 관광안내서가 출간되고 미식에 관한 문학과 신문이 발전하여 레스토랑의 성장에 제트엔진이 장착되었다. 20세기가 되면서 레스토랑은 자본주의 법칙에 따라 그 메뉴와 역사, 인테리어, 서비스 등의 수준에 따라 여러 가지 종류로 분화되었다.


현대 프랑스 요리의 대부, 에스코피에

"요리는 제게 영혼의 자매이고, 시의 여신입니다."

20세기, 드디어 프랑스 요리의 판도를 바꾸는 한 인물이 등장한다. 당대 유럽 왕들과 귀족사회, 그리고 일반인들까지 그의

오귀스트 에스코피에
(Georges Auguste Escoffier)

이름 앞에 '위대한(Great)'이라는 수식어를 붙여 부를 정도로 최고의 명예를 얻은 천재 요리사, 독일 혁명으로 마지막 황제가 된 빌헬름 2세가 "짐은 독일 황제, 당신은 황제의 요리장, 그리고 요리장 중의 제왕!"이라 칭했던 요리사 '오귀스트 에스코피에'가 그 주인공이다. 그는 프랑스 요리가 해외에서 명성을 얻게 한 공로를 인정받아 1920년 '레지옹 도뇌르 훈장(Legion d'honneur)'을 받았으며, 2006년에는 모나코의 우표에 얼굴을 새기기도 하였다. 카렘이 그랬듯이 요리 분야 외에는 일생을 통틀어 외도를 해 본 적이 없었던 그의 꿈은 요리라는 분야가 객관적인 평가를 받을 수 있도록 그 기준을 세우는 것이었다. 그전의 요리사들이 그것을 생각하지 않고 자기의 상황에서 최선을 다했던 것과는 분명 다른 또 하나의 진보였다. 즉, 이전의 요리사가 칭송은 받았지만 왕과 귀족, 그 이후 부르주아의 가신과 같은 지위에 머물렀다면 에스코피에는 요리사가 예술 또는 장인으로서의 확고한 사회적 위치를 확립할 수 있도록 노력한 것이다. 요리세계에서 본다면 정치에서 민주주의의 등장과 비견할 만하니, 요리의 하늘에서 빛나는 별 같은 존재라 할 수 있겠다.

에스코피에의 성공신화 역시 카렘과 마찬가지로 하늘이 인도해 준 운명이라고밖에는 할 수 없다. 그가 태어난 곳은 알프스의 산골이었고 아버지는 대장장이였다. 하지만 어려서부터 요리를 좋아했던 그는 아직 엄마에게 응석을 부릴 13세라는 어린 나이에 요리를 시작하여 고향을 떠났다. 그가 남프랑스의 휴양도시 모나코의 그랑 호텔에서 일하고 있을 때 행운의 여신이 그의 어깨에 살포시 손을 얹는다. 바로 호텔업의 프로인 세자르 리츠와 인연을 맺은 것이다. 리츠는 유럽 최고의 일류 호텔을 꿈꾸었고 유럽 최고의 셰프를 꿈꾸던 에스코피에는 곧 팀이 되어 엄청난 시너지 효과를 내었다. 빅토리아 시대에 영국의 모든 귀족이 드나들던 런던의 사보이 호텔과 파리의 리츠 호텔을 비롯하여 유럽 최고의 호텔 경영자가 된 리츠와 함께 에스코피에는 프랑스 요리의 대명사로 온 유럽에 명성을 떨치게 된다. 유럽 최상류층의 입맛을 평정한 그는 요리사의 사회적 위치를 확고히 하는 데 이바지하였다. 또한 뭇 여성의 심리까지 파악할 줄 알았던 에스코피에는 영향력 있는 귀부인들에게 자신이 개발한 디저트를 헌정하고 여기에 그 여성의 이름을 붙여 유행을 시키곤 하는 재치를 발휘하기도 했다.

예를 들어 그가 파리 리츠 호텔의 셰프로 있었을 때 거리의 가벼운 오페라 장르를 '오페레타(opéretta, 너무 우아해서 지루한 귀족들의 오페라를 희극화하여 좀 더 박진감 있고 풍자적으로 그린 '작은 오페라'라는 의미의 오페라)'라는 분야로 새로 개척한 오펜바흐의 오페레타 「라 벨 엘렌(La Belle Hélène, 아름다운 엘렌)」이 대단한 성공

푸아르 벨 엘렌(Poire Belle Hélène)

을 거두고 있었다. 마침 리츠가 퇴임하고 후임이 된 사장의 딸이 호텔에서 결혼식을 하게 되었다. 그런데 마침 그녀의 이름이 오펜바흐의 오페레타 여주인공과 같은 '엘렌 (Hélène Elles)'이었다. 곧 에스코피에는 '푸아르 벨 엘렌(Poire Belle Hélène)'라는 디저트를 만들어 그녀에게 헌정하였다. 서양배를 시럽에 끓인 후 바닐라 아이스크림을 올리고 위에 뜨거운 초콜릿을 부은 디저트였는데 이는 곧 프랑스를 대표하는 디저트 중 하나가 되었다. 그가 만든 또 하나의 불후의 명작으로 '라 뻬슈 멜바(La Pêche Melba)'가 있는데 영어식으로 하면 '피치 멜바(Peach Melba)'이다. 이 디저트의 탄생 비화는 다음과 같다. 그가 런던의 사보이 호텔에 셰프로 있을 당시 호주의 소프라노인 넬리 멜바가 이 호텔에 머물게 되었다. 넬리 멜바는 현재 호주의 100 달러짜리 지폐에 사진이 담긴 국보급 여성이다. 그녀가 식사를 마친 후 바닐라 아이스크림을 주문했는데 마침 아이스크림의 양이 턱없이 부족했다. 하지만 임기응변에 능했던 에스코피에는 복숭아를 얇게 저며 접시에 깐 후 아이스크림을 위에 올리고 라즈베리와 시럽을 곁들였다. 그리고는 직접 디저트를 들고 나와 능청스럽게도 "멜바양, 당신을 위해 준비했습니다, 이 디저트에 당신의 이름을 붙인다면 영광이겠습니다"고 말했다. 이 디저트가 바로 라 뻬슈 멜바다. 이 외에도 그는 배우의 이름에서 따온 '사라 베르나르 딸기'라던가 한 시대의 중요한 역사를 장식한 무솔리니를 기억하는 '무솔리니 닭 가슴살 요리'처럼 유명인들에게 그들의 이름을 붙인 요리를 헌정하는 센스를 꾸준히 선보였다.

라 뻬슈 멜바(La Pêche Melba)

에스코피에는 아직까지 최고급 레스토랑의 디저트 메뉴에 빠지지 않는 수많은 디저트 레시피를 정리하고 창조한 것으로도 입지전적인 인물이다. 정해진 음식재료를 가지고 항상 새로운 요리를 만들어 내는 일은 그에게 남다른 행복감을 주었다. 60여 년 간의 요리 생활에서 그는 수천 가지의 새로운 메뉴를 창조했고 요리라는 분야를 체계화하고 조리방식이나 동선을 단순화했다는 데에 큰 공로를 세웠다. 게다가 그는 고급 요리는 복잡한 장식으로 음식재료를 가리는 것이 아니라 단순하고 깔끔한 세련미를 가져야 한다는 것을 보여주었다. 먼저 그는 먹을 수 없는 장식 등은 과감히 쳐내는 실용적인 요리를 현대화시켰다. 그뿐만 아니라 현대 주방의 조리 동선과 흐름을 고안하여 주방 내에서도 유기적으로 요리할 수 있도록 하고 러시아식 서빙을 도입하여 현재의 코스 순서를 정하였다. 또 서로 제각기 놀던 레스토랑의 분야를 통합 시스템으로 만들었는데 주문지를 주방, 웨이터, 캐셔에게 각각 한 장씩 가도록 하여 음식 서빙의 흐름을 알 수 있게 한 것이다. 또한 전표에는 고객의 이름을 적어 다음에 그 고객이 다시 오면 좋아하는 음식을 미리 알고 추천하는 고품격 서비스를 창안했다.

인간적이던 에스코피에는 더는 오를 수 없는 최고의 위치에 올랐어도 가난한 이들을 배려하는 것을 잊지 않았다. 그 예로 주방 위쪽 문에 먹지 않은 음식들을 내놓아 지나가는 걸인들이 먹을 수 있도록 했다고 한다. 프랑스 대혁명과 함께 거리로 나온 프랑스 요리는 에스코피에와 함께 완전히 땅에 뿌리를 내렸다. 평민들에게도 허겁지겁 배만 채우던 음식이 눈으로 보고 맛을 감상하는 대상이 된 것이다. 에스코피에는 1903년 자신이 정리한 레시피들을 총 집대성한 『요리 가이드(Guide Culinaire)』를 출간했는데 이 책은 이후 서양 요리를 공부하는 셰프들에게는 거의 바이블처럼 여겨진다. 에스코피에의 제자들은 그에게 사사한 것을 언제나 자랑으로 여겨 명함에 새기고 다닐 정도였다고 한다. 그는 1920년 요리사로는 최초로 '레지옹도뇌르 국가 훈장'까지 받았다. 요리사라는 직업이 그와 함께 당당한 하나의 사회적 위치를 갖게 된 것이다.

### 요리에 과학을 탑재하다

끊일 줄 모르는 연회, 끝이 보이지 않는 풍성한 메뉴와 부르주아적인 요리, 20세기에 들어와 에스코피에가 정리한 농축된 무거운 소스를 사용하는 정통 프랑스 요리는 영양학을 고려한 조리법이 인기를 끌기 전인 1970년대까지 계속되었다. 카렘과 에스코피에가 집대성한 요리들은 버터나 크림을 많이 써서 맛이 매우 좋다 보니 식욕을 왕성하게 돋우고 칼로리가 엄청나게 높았다. 칼로리에 구애받지 않고 버터나 크림으로 기름진 맛을 추구하는 것은 그때까지 프랑스인들이 잘 먹는 방식이었다. 그러나 1970년대에 들어서면서 신세대 셰프들은 고전 시대부터 명맥을 이어온 이런 조리법에 '누벨뀌진(Nouvelle Cuisine)'이라는 장르를 개척했는데 누벨뀌진은 완전히 새로운 저칼로리의 조리법을 제시했다. 재료 본래의 맛을 최대한 살리면서 고기는 줄이고 야채나 과일을 많이 사용하여 기름기를 뺀 것이다. 이들은 카렘과 에스코피에의 레시피에서 지방을 반 이상 걷어냈다. 게다가 장식의 과도함을 억제하고 섬세하면서도 부드러운 색채의 요리를 지향했다. 게다가 외국 요리에 대해 관대하여 보수적이고 국수적인 프랑스 요리에 이국적인 맛까지 더하게 되었다. 누벨뀌진의 혁명은 단 15년 만에 프랑스뿐 아니라 전 유럽에 하나의 유행처럼 번졌다. 현대 프랑스 요리의 세 거장 폴 보뀌즈와 알랭 샤펠, 앙드레 삑 등은 누벨뀌진의 원류이다. 여기에 한 술 더 떠 요리 비평가인 크리스티앙 미이요와 앙리 골트는 1973년 소스를 가볍게 만들고 음식재료들의 맛을 그대로 살리며 외국 요리에 마음을 열어 새로운 맛을 찾으라고 부르짖었다.

현대의 셰프들은 많든 적든 누벨뀌진에 관심을 보일 수밖에 없다. 세계적인 트렌드가 웰빙이니 말이다. 누벨뀌진으로 떠들썩하던 1980년대 후반만 해도 프랑스 TV에서는 누벨뀌진이 과연 프랑스 요리인가에 관해 찬·반 토론이 벌어지기도 했다. 먹는 것에, 그것도 버터 또는 오리나 돼지기름에 지글지글 지져 기름지고도 푸짐하게 먹는 것을 좋아하던 프랑스인들에게 누 벨뀌진을 제시하니 영 배가 차지 않았던 것이다. 전통과 새로 움 사이의 진통이었던 것 같다. 현대의 셰프들은 이 두 경향을 적당히 조절해 가며 프랑스 요리의 맥을 잇고 있다. 기름이 잘 잘 흐르는 진정한 프랑스 요리를 맛보고 싶다면 예술성을 따지 지 않고 전통 요리를 서빙하는 비스트로(bistro, 수수한 카페나 레스 토랑)에 가는 것이 좋다.

게다가 몇 년 전부터 최근 우리나라에도 소개되고 있는 '분 자 요리(Gastronomie moléculaire, Molecular gastronomy)'가 유행하고 있 다. 몰레큘러(Molecular)가 '분자의'라는 뜻의 형용사이고 가스트 로노미(gastronomy)는 '미식'이라는 뜻으로 과학과 요리를 접목 한 조리법을 지칭하는 말이다. 말 그대로 화학이나 물리학 실 험실에서 쓸 법한 기구들로 우리가 흔히 접하는 음식재료를 전 혀 다른 모습으로 변화시키는 것이다. 그러나 요리 안에 뭔가 화학약품을 넣는 것이 아니라 자연계에서 일어나는 물질 간의 반응을 이용해 음식재료의 맛과 향은 그대로 유지하면서 분자 수준에서 그 형태를 변형시켜 색다른 시각적, 미각적 즐거움을 주는 것이다. 예를 들어 솜사탕이나 뻥기 등도 일종의 분자 요 리라고 할 수 있다. 설탕이라는 음식재료에 물리적이고 화학적 인 변화를 주어 전혀 다른 느낌의 식감을 주는 것이다. 이는 뻥 튀기도 마찬가지다.

과학자들과 힘을 합치니 액체 질소를 사용한 메렝게, 크산탄 고무를 넣은 수플레, 폴리페놀을 살짝 넣어 새콤한 맛을 내는 버터, 탄산 눈으로 장식한 칵테일 등 재미난 요리들이 탄생했다. 이로써 누벨 퀴진으로 프랑스 요리의 진화가 이루어진 파리에 또 한 번의 바람이 불어 요리에 심취한 물리학자, 화학자 등과 당대 최고의 셰프들이 의기투합하기 시작한다. 스페인에서 최고로 잘 나가는 셰프 페란 아드리아와 프랑스의 피에르 가니에르, 영국의 헤스턴 블루멘탈 등 빛나는 별과 같은 명장들이 바로 그들이다. 특히 스페인은 국가적으로 분자 요리를 지원하고 있는데 외식업의 절대 강자로 군림하고 있는 프랑스와 이탈리아를 추적하기 위한 것이다. 또한 경제적으로 침체하다 보니 관광과 외식업을 부흥시키기 위한 전략의 하나로 선택한 면도 강하다. 그런데 얼마 전 분자 요리의 대가로 군림하던 페란 아드리아가 자신이 운영하던 레스토랑의 문을 닫는다고 발표했다. 아무리 비싼 값에 요리를 팔아도 페란 아드리아의 음식재료에 대한 집착과 새 메뉴 개발을 위한 비용이 지속적인 적자를 기록해왔다고 한다. 끊임없이 실험하고 개발해야 하니 전통 요리와는 또 다른 무거운 원가에 짓눌려버린 것이다. 「뉴욕 타임즈」에서 "페란 아드리아 없는 스페인 요리업계는 '태양 없는 태양계' '기함 없는 함대' 같을 것이다"라고 할 정도로 스페인 외식업계의 타격은 클 것으로 보인다.

## 패스트푸드도 슬로우푸드의 흉내를 내는 곳

옛날부터 미국이란 나라에 약간의 경멸을 보내는 프랑스는 맥도날드라는 패스트푸드가 파리에 상륙했을 때 뭐 저 정도까지 하나 싶을 정도로 저항이 강했었다. 고급 요리의 메카라는 자부심으로 끊임없이 식습관의 신화를 창조해온 프랑스인들은 자신들의 전통을 토마토케첩과 간 고기를 구워 넣은 햄버거 하나로 한 방에 날려 버리려는 맥도날드가 예뻐 보일 리 없었을 것이다. 사실 유럽인들에게는 아직 몇백 년 전 미국이 자신들의 식민지였고 미국에 이민을 간 백인들이 주로 하층민이거나 정치범, 죄수 등 체제에서 소외된 계층이었다는데 대한 묘한 우월감이 아직도 남아있다. 하지만 현재 미국이 가진 힘에 대한 열등감이 가미되어 있는 것도 사실이다. 예를 들면 하인으로 부리던 집사가 돈을 벌어 더 부자가 된 경우와 비슷하다. 이는 프랑스인들이 신세계의 와인을 표현하는 데서도 확연히 드러난다. 예를 들어 프랑스인들은 미국산 카베르네 소비뇽을 '우리나라 국경 밖에서 자라고 있는 프랑스 포도나무에서 생산된 포도로 만든 와인'이라고 표현한다. 이제는 전 세계에 서식하고 있는 그 나무를 꼭 자기네 것이라고 강조하는 것이다. 그러다 보니 패스트푸드의 원조인 맥도날드는 미국과 동일시되면서 반미시위가 일어날 때마다 미국 대사관만큼 곤욕을 치러야 했다. 초창기 파리에 맥도날드가 생겼을 때는 거의 농민전쟁을 방불케 하는 시위가 끊이지 않았다. 사실, 이미 세계화 되어버린 세계에 프랑스 역시 저항할 힘을 점점 잃어가긴 하지만 마지막까지 지켜야 할 보루가 인간의 뿌리를 이루는 음식문화와 언어라는 것을 프랑스는 너무나 잘 알고 있는 것이다.

그런데 놀라운 사실은 현재 맥도날드가 전 세계적으로 그 자리를 위협받고 매출이 떨어짐에도 고급 요리의 상징인 프랑스에서는 나날이 매출이 늘고 있다는 것이다. 이상하게도 버거킹은 맥을 못 추는 데 반해 유독 맥도날드만은 두 자릿수의 신장률을 자랑한다. 이제는 프랑스 문화의 심장부인 루브르 박물관 지하에까지 자리를 잡고 있다. 이는 이민자들이나 유학생이 많아진 것도 이유 중 하나가 될 수 있다. 하지만 파리지엥들이 이십 년 전 파리에 맥도날드가 처음 입성할 때처럼 소란을 피우지 않는 것을 보면 '프랑스가 변하긴 참 많이 변했구나' 하는 실감도 든다. 오히려 영국 매스컴이 더 보도하고 난리다. 현실적으로 생각해보면 루브르긴 하지만 카르셀에 돌아다니는 대부분 사람이 전 세계에서 온 관광객들로, 90%가 외국인이니 파리지엥들과는 별 상관없는 구역일 수도 있다. 서비스 차원에서 바쁜 그들에게 간편식을 제공하는 것이 하등 이상할 이유는 없다. 전 세계가 자본주의로 돈의 흐름을 좇아 가는데 프랑스라고 매일 2~3시간씩 앉아 점심을 먹는 레스토랑만 고집해서는 경쟁력이 없다. 게다가 카르셀 지역은 민간 자본이 경영하는 곳이므로 과거 몽마르트르 언덕의 테르트르 광장에 맥도날드가 들어간다고 했을 때 파리 시가 거절했던 것처럼 박물관 측이나 파리 시에서 이렇다 저렇다 토를 달 처지가 아닌 거다.

그런데 여기서 재미있는 것은 프랑스에서는 패스트푸드도

그 모양새가 변한다는 거다. 프랑스인들이 자부심으로 여기는 슬로우푸드(Slow Food)의 이미지와 쇼비니즘(Chauvinism, 국수주의)에 슬쩍 얹혀 가는 것이다. 프랑스 요리사를 고용해 자문하고 프랑스의 농산물과 고기를 사용한다. 이는 결국 패스트푸드가 프랑스의 농업발전에 이득이 된다는 이미지를 끝없이 흘리는 것이다. 프랑스에 있는 맥도날드는 미국식 문화를 강조하는 것이 아니라 오히려 프랑스적인 터치를 배워 자사의 이미지를 쇄신해가며 진화하고 있다. 예를 들어 미국이나 캐나다, 한국의 맥도날드 매장은 거의 소음 수준의 음악이 배경으로 나오는 데 반해 프랑스 매장은 음악이 나오지 않는다. 프랑스 거의 모든 레스토랑에 음악이 없기 때문이다. 대화를 많이 하지만 옆 사람에게도 들리지 않을 정도로 조곤조곤 이야기하는 파리지엥들에게 있어 배경음악은 일종의 공해라 느껴지는 모양이다. 게다가 한국처럼 청소년들로 가득하여 혼잡하고 시끄럽다기보다는 차분한 파리의 여느 카페와 비슷한 분위기다. 연령층도 다양하여 혼자 와서 커피 한 잔에 작은 파이를 먹으면서 신문을 읽거나 책을 보는 사람들도 많다. 즉, 패스트푸드가 느린 삶과 결합하면서 독특하게 진화하고 있는 것이다.

객관적으로 볼 때 프랑스의 식습관 전통은 패스트푸드와 근본적으로는 맞지 않는다. 프랑스인들의 자유분방하면서도 섬세한 성격은 규격화된 메뉴에 제약받기를 싫어하고, 또 놀고 즐기는 문화가 대충 쭈그리고 앉아 먹고 나가는 패스트푸드와는 잘 맞지 않는 것이다. 하지만 프랑스가 슬로우푸드에서만 강자

뽐드 빵(Pomme de Pain)

라고 생각하면 오산이다. 대부분 시민이야 느긋하게 먹고 마시는 것을 좋아하는 국민성을 지니긴 했지만 프랑스식 패스트푸드점도 곳곳에서 만날 수 있다. '뽐드 빵(Pomme de Pain)'이나 '브리오슈 도레(Brioche Dorée)', 셀프 서비스점인 '프런치(FLUNCH)'도 아주 잘 나간다. 게다가 요즘은 아시아 요리 체인점도 인기다. 중국이나 동남아식 패스트푸드 체인점은 언제나 만원이다. 단체 급식이 아주 발달한 나라도 프랑스다. 단체 급식 회사 '소덱소(SODEXSO)'는 한국까지 진출해 수많은 회사나 병원의 식당을 장악하고 있는 세계 굴지의 대기업이다. 즉, 럭셔리하고 손맛이 가는 음식문화의 전통을 가졌지만 그 이면은 엄청나게 수치 해석이 빠르고 분석적이며 모든 것을 조직화하고 시스템화하는 특징을 지닌 나라이기도 한 것이다. 어찌 보면 이런 면이 현재의 프랑스 요리를 만들었다고 볼 수도 있다. 이는 조상이 흘린 한 땀 한 땀의 손맛도 당연히 보존했지만 방대한 자료를 수집하고 정리하여 이를 매뉴얼화하는 독특하고 합리적인 사고가 몸에 배어 있는 국민성도 여기에 크게 한몫을 했다.

# 떼루와(Terroir), 자연의 맛

떼루아

와인을 조금이라도 접해본 사람들은 어디에선가 떼루아 (Terroir)라는 단어를 들어본 적이 있을 것이다. 떼루아는 불어로 '땅'을 의미하는 떼르(terre)에서 파생된 말로 와인이나 농작물 이 기후, 토양, 지형, 주변의 다른 식물 등 환경 때문에 그 지역 만의 특징을 반영하는 것을 말한다. 여기에 전통적인 재배방식 과 극적인 스토리텔링까지 더해져 아우라(Aura)가 더욱더 강해 지는 것이다. 와인을 생산하는 지역에서는 중세 시대부터 수도 사들이 지역마다 토양을 파고 심지어는 흙을 먹어보면서까지 포도나무가 자라는 생태를 조사하였다. 수도사들이 하나하나 경험으로 깨달은 떼루아의 개념을 20세기 과학자들이 첨단기계로 다시 연구를 해보아도 그 결과가 동일하다고 하니 놀라운 일이다. 결론은 수백 년 전부터 그곳에서 기르던 그 포도만큼 좋은 와인을 생산하는 품종은 없었던 것이다. 보르도나 부르고뉴의 특정 지역에서만 세계 최고의 와인이 나오는 것은 놀라운 일이 아니다. 석회질의 토양과 기후, 강으로부터의 거리, 빛의 방향과 각도, 바람의 방향, 언덕의 고도 등 바로 그곳이 아니면 안 된다는 뜻이다. '포도 알갱이 속에 축적된 우주'라는 표현이 과장된 것이 아니다. 포도 알갱이 안에 농축된 것은 바로 그 지역의 빛과 바람, 토양 속의 미네랄과 수분 그 자체이기 때문이다. 바로 이것이 떼루아의 개념이며 프랑스의 모든 농축산물은 이를 기본으로 관리되며 더욱 좁은 지역의 떼루아를 특징적으로 반영할수록 나라에서 애지중지 보호하는 시스템이다.

유럽 연합 내에서 유럽 전체의 농축산물을 관리한다는 목적으로 1992년부터 IGP(Indication Géographique Protégée)라는 제도를 시행하고 있는데 각 지역의 유명 산지에서 생산된 농축산물을 유럽차원에서 보호하는 제도이다. 이 제도는 유럽위원회(Commission Européenne)에서 관리하는데 그 지방의 지리적 특성이 반영되도록 전통에 따른 모든 규정을 준수하고 검사를 통과해야 제품에 그 지리적 명칭을 표시할 수 있다. 유명 지역의 명성과 역사가 있는 우수한 농축산물을 선별한 후 생산과 가공 및 재배가 정해진 지역 내에서 정해진 규정대로 이루어지도록 관리하여 전통을 유지하는 것이 목적이다. 예를 들어 우리나라 '순창 고추장'이라면 전라도의 순창에서 생산된 고추로 그곳에서 생산·가공한 고추장에만 '순창'의 IGP를 붙일 수 있게 한 것이다. 순창에서 제조·포장을 했다 하더라도 고추가 다른 지역에서 들어왔거나 수입을 해왔다면 이 명칭을 받을 수 없다. 반대로 순창에서 난 고추를 충청도의 공장에서 만들어도 마찬가지로 규정에서 어긋난다. 여기에 IGP보다 더 세밀한 등급으로 축소된 지역에서 관리에 더욱 깊이 관여하여 고추를 재배하는 방식에서부터 생산량, 제조 방식과 숙성 기간 등 더 세부적인 규정을 정해 이를 모두 만족하게 한 생산물에는 그 원산지를 더욱더 세부적으로 명기하는 AOP(Appellation d'origine protégée)라는 등급을 주게 된다. 즉, 먼저 IGP규정을 만족해야 AOP를 받을 수 있다. 결국 원산지가 좁은 단위로 더 세밀화될수록 고급품으로 인정받을 수 있는 지역의 특성이 도드라지는 생산품이 되는 것이다.

사실 유럽이 통합되고 대륙 차원의 AOP라는 제도 시행 이전부터 유럽 각국은 개별적으로 원산지 추적 시스템을 만들어 자국의 농축산물을 관리해왔다. 그 선봉에 선 것이 프랑스였고 이탈리아, 독일, 스페인, 포르투갈 등이 뒤를 이어 이 제도를 도입해 각각 자기네 방식대로 운영해 왔다. 그래서 지금은 유럽연합의 통합제도와 각 나라의 제도가 병행하여 사용되다 보니 외국인들은 물론 자국민들까지 이해하기가 쉽지 않다. 어쨌거나 나라마다 조금씩 다르게 적용되던 것을 통합한 것이 AOP 제도로 개별적으로 쓰던 원산지표기와 동급으로 보면 된다. 자국의 원산지표기 제도를 가장 먼저 확립한 프랑스를 예로 보면 정부에서 1900년 초에 정비하기 시작해서 1935년부터 시행하고 있던 제도가 AOC, 즉 '원산지 통제 제도'다. 프랑스는 INAO(Institut National des Appellations d'Origine, 국립 원산지 관리 사무국)라는 정부산하기관을 두어 전국의 농축산물을 원산지별로 철저하게 관리해왔다. 이 제도는 와인에 가장 먼저 적용하여 성공했는데 전국의 와인 생산지역을 지리적으로 경계를 정하고 그 지역만의 재배품종, 재배방식, 수확량, 알코올농도, 와인의 제조법 등을 세세한 부분까지 법률로 규정한 것이다. 이렇게 생산된 와인은 한 번 더 성분분석과 테스팅을 거쳐 합격해야만 원산지명을 라벨에 기재할 수 있도록 했다. 즉, AOC 규정은 지역의 특산품을 보호하고 이름을 도용하지 못하게 하며 동시에 소비자가 그 이름만으로도 무슨 재료로 어떻게 만들었는지를 알 수 있는 아주 편리한 제도다. 가축이라면 어떤 농장에서 어떤 사료를 먹고 몇 살에 도축했으며 어떤 방식으로 가공했다는 것까지 모두 한눈에 볼 수 있는 보증서가 되는 셈이다. 그 소가 먹은 풀이 바로 소의 살이 되는 것이므로 유럽산 가축은 사료에 아주 많은 의미를 두고 있다. 그래서 프랑스의 AOC 축산품은 한 지역 안에서만 나는 작물로 모든 것을 해결해야 하니 참으로 귀할 수밖에 없고 그래서 비쌀 수밖에 없다. 이는 다시 말하면 원산지가 좁혀질수록 규정이 세밀하면 세밀할수록 그 지방의 특성을 더욱 두드러지게 반영하여 그 희소성과 품질을 갖출 수 있도록 하는 시스템인 것이다.

이렇듯 프랑스에서 시작된 AOC제도를 이탈리아는 DOC,

독일은 QbA(Qualitätswein Bestimmter Anbaugebiete, 독일 와인 등급표시 기준), 스페인은 DO(Denominaciones de Origin)라는 자체적인 시스템으로 변형해 쓰고 있다. 그런데 유럽 연합이 성립되면서 각 나라의 제도를 통합하여 AOP라는 카테고리에 묶어 넣었다. 즉, 프랑스의 AOC나 이탈리아의 DOC는 자동으로 AOP에 등록되었는데 거의 100년간 쓰던 제도를 갑자기 모두 바꾸기는 어려우므로 당분간은 이 두 시스템을 함께 쓰고 있다. 하지만 모든 유럽의 특별한 농축산물들은 유럽 연합의 IGP를 만족해야 AOP에 들어갈 수 있으며 AOP에 등록되어야 자국의 AOC라는 농축산물 인증제가 효력을 갖게 된다. 즉, AOP의 기준을 맞추지 못하면 프랑스 내에서도 AOC의 효력을 잃게 된다. 그러므로 프랑스 영토에서 프랑스의 농산품을 살 때는 꼭 IGP, 더 나아가 AOP(AOC)를 확인하고 사도록 한다.

유럽 연합에서 전 유럽대륙의 상품을 보호하기 전인 1990년대 초까지만 해도 상표의 도용은 심각했었다. 예를 들어 와인 중 프랑스 샤블리 지방의 고급 백포도주는 그 지역의 떼루아를 잘 반영하는 고급 포도주인데, 미국이나 호주에서는 저온 살균한 대형 저그병에 든 값싼 포도주에 이 이름이 붙어 전 세계에 유통되었다. 샤블리뿐 아니라 프랑스의 유명 와인 산지 이름 대부분이 도용되어 레드는 보르도, 부르고뉴 등이 붙어 유통되었다. 당연히 와인에 대한 지식이 별로 없던 그 시대 사람들은 프랑스의 샤블리와 큰 병에 든 미국이나 호주산의 샤블리를 구별할 줄 몰랐다. 그러던 것이 이제는 유럽 연합 자체 내에서 전 유럽의 농축산물을 관리하다 보니 그 지역 밖에서는 상표를 도용하지 못하게 된 것이다. 결론적으로 떼루아라는 것은 농축산물의 영토와도 같다. 농업 생산물에서 특별한 품질을 이야기하는 것이기 때문이다.

IGP나 AOC가 특정한 지역의 특산품이라면 빨간 라벨(Label Rouge)은 특정한 생산자나 회사에 주는 인증마크다. 이는 프랑스의 농축산물이 산업화하기 시작하던 1960년대에 만들어진 것인데 산업적 대량생산이 아닌 전통방식으로 생산하는 장인 정신과 품질에 보증을 해주는 제도로 독립된 정부기관이 주는 품질 인증 제도이다. 제일 처음 랑드 지방과 페리고르 지방의 가금류에 붙였는데 규정 중 '농장에서 방목해 기르는 농가의 노란 닭' 등으로 명시해 놓는 것이다. 그뿐 아니라 사정관이 정기적으로 생산 과정을 감독하고 패널들의 관능검사를 통한 테스팅으로 이 표식은 프랑스 정부가 보증하는 상위 품질마크가 되었다. 그러므로 같은 AOC 내에서라도 여기에 빨간 라벨이 덧붙어 있다면 그 카테고리에서 더 상급의 농축산물이라고 보면 된다. 이외에도 유기농 제품에 부여하는 AB(Agriculture Biologique)가 있는데 항생제나 화학비료 등을 전혀 쓰지 않은 농축산물에 부여하며 축산물은 화학비료를 쓰지 않은 사료를 먹여야 한다. 프랑스가 미식의 나라가 된 데에는 우선 농업국가라는 천혜의 자연조건도 있었지만 그 농·축산물의 특성을 보호하고 육성하는 정부의 끊임없는 노력이 있었기 때문이다.

현대 요리의 화두는 웰빙과 퓨전이다. 신세대들은 과도한 소스나 지나친 식욕을 일으키는 조리법보다 국적이 모호하고 담백한 것을 찾는 추세이다. 그래서 점점 떼루아의 독창성이 희석되어 가는 시대이기도 하지만 역설적으로 보면 이 자체가 떼루아를 담은 요리가 희소성의 가치로 더욱 돋보일 수도 있다는 말이 되니 떼루아의 장래는 그렇게 어둡지 않을 것 같다.

### 떼루아의 화신, 와인

'프랑스' 하면 가장 먼저 떠오르는 생산품은 무엇일까? 많은 사람이 '와인'을 생각한다. 이는 2천 년도 더 이어진 프랑스의 역사 그리고 정신과 그 맥을 함께 해왔기 때문이다. 프랑스 문화는 와인 위에서 이루어졌다고 해도 과언이 아니다. 게다가 앞에서 보았듯이 근세의 프랑스는 국왕 자신이 나서 자국의 요리를 하나의 문화상품으로 마케팅한 나라다. 여기엔 와인도 예외가 아니다. 유럽의 다른 모든 국가가 그저 매일 식탁에서 마시는 음료로 여기며 등잔 밑이 어둡던 시대부터 프랑스는 자국의 와인을 관리하고 품질향상에 노력해 왔다. 1855년 세계 만국박람회가 프랑스에서 열리자 프랑스는 그 당시 보르도 메독 지역의 최고 포도원들을 선정, 그랑 크뤼(Grand Cru)라는 특등급으로 묶어 세계 시장에 본격적인 홍보를 시작했다. 이때 선별된 61개의 포도원은 내부적인 미세한 변동 외에는 아직도 범접할 수 없는 굳건한 아성으로 둘러싸여 있다. 게다가 1935년 AOC 등급으로 지역을 구분하여 재배하는 포도품종부터 제조의 모든 프로세스를 정부가 규제한다. 오랜 경험상 각 지역의 토양과 기후에 맞는 포도품종을 알고 있기 때문에 품질관리를 위해 재배 품종에 철저한 관리를 하는 것이다.

그리고 프랑스에서 생산되는 와인을 크게 네 개의 카테고리로 등급을 나누었다. 먼저 가장 하위 등급인 Vin de Table(뱅 드 따블)은 총 생산량의 40%를 차지하며 일상에서 물처럼 싸게 마시는 와인이다. 프랑스 영토에서 생산된 포도라면 지역 구분 없이 혼합해도 상관없으므로 그 와인을 만든 포도의 원산지는 알 수 없다. 그 위의 등급인 Vins de Pays(뱅 드 뻬이)는 원산지가 표시되기는 하지만 AOC처럼 품종이나 제조에 엄격한 제한을 받지 않고 선택의 폭이 넓으며 생산량도 규제되지 않는다. 그 위의 V.D.Q.S(Vin délimité Qualité Supérieur) 등급은 생산지역, 포도품종, 알코올 함유량, 수확량, 재배 및 양조방법, 와인 품질분석, 테스팅 등으로 AOC 못지않게 정부의 관리를 받지만 AOC로 올라가려는 준비 단계라 생산량이 아주 적어 마실 기회가 많지 않다. 가장 상위 등급으로 원산지 표기와 통제를 철저하게 받는 AOC(Appellation d'Origine Controlée) 등급은 그야말로 세밀한 규제와 와인 분석 및 테스팅을 거쳐야 한다. 프랑스 국립 원산지 관리 연구소인 INAO라는 국가 산하기관에서 관장하는데 생산지역, 포도품종, 포도의 당분 함유량, 최저 알코올농도, 헥타르 당 최대 수확량, 포도재배 및 양조법 등 모든 조건이 갖추어지면 INAO의 검사 후 승인을 받아 라벨에 원산지를 표기할 수 있다.

결국 원산지를 통제한다는 것은 특정한 토양과 기후의 땅을 지정하여 등급을 준 것이라고 보면 되겠다. 서로 이웃한 포도원이라도 그 토양과 기후의 차이에 따라 등급이 달라지는 것이다. 그러므로 원산지를 표기할 때 그 지역이 좁혀질수록 고급 와인이다. 즉, 떼루아를 확실히 표현하고 있는 와인일수록 가치가 있다고 여기는 것이다.

예를 들어 보르도를 보자. 전체 와인 생산지역을 나타내는 보르도라는 명칭이 있고 그 안에 우리나라의 면, 군 같은 메독이라는 소단위 지역이 있으며 그 안에 또 작은 단위인 뽀이약, 마고 등의 마을이 있다. 그 지역의 특정한 포도밭에서 생산된 와인일수록 좋은 와인이다. 여기에 특별한 포도원을 지정하여 등급을 준 '그랑 크뤼'나 '그랑 크뤼 클라쎄(Grand Cru Classé)' 등의 표기가 붙으면 또 다른 차원의 와인이 된다.

샤또 발랑드로
(Chateau Valandraud)

AOC에 정해진 규정을 어기면 아무리 역사와 실력을 갖춘 포도원에서 생산된 와인일지라도 AOC급을 받을 수 없다. 보르도 생떼밀리용 지역의 명품 와인 '샤또 발랑드로(Château Valandraud)'가 아주 전형적인 예다. 2000년, 비가 많이 와서 생산에 차질을 빚을 가능성을 느낀 이 포도원은 2헥타르 정도의 밭에 3주간 플라스틱 지붕을 씌웠다. 그러나

INAO는 지붕 밑에서 생산된 포도로 만든 와인들은 "자연 조건하의 포도재배"라는 항목을 위배하였다는 이유로 그랑 크뤼급이던 이 와인의 등급을 테이블 와인(Vin de Table)으로 내려버렸다. 물론 샤또 발랑드로는 이 와인에 'L'interdit de Valandraud(금지된 발랑드로)'라는 이름을 붙여 출시, 테이블 와인 등급임에도 명품 와인 값으로 없어서 못 파는 역마케팅에 성공했지만 말이다. 이런 사례는 이탈리아 토스카나 지역의 진보적인 포도원들이 너무 짜여진 제도에 반발, 창의력 있는 와인을 만들 경우에도 많이 발생하고 있다. 처음 AOC를 적용한 분야는 와인이었으나 점차 농산물, 식품, 임

금지된 발랑드로
(L'interdit de Valandraud)

산물, 해산물까지 넓어져 치즈, 과일, 햄, 닭고기, 양고기, 돼지고기, 쇠고기, 거위 간, 달걀 등 프랑스의 모든 농·축산물 및 가공품에까지 적용하여 품질 관리 및 상표를 보호받고 있다.

### 떼루아의 또 다른 화신, 치즈

"치즈가 없는 식탁은 한쪽 눈이 없는 미녀와 같다"고 『미식의 심리학』을 쓴 유명한 식도락가 브리야 사바렝(Jean Anthel-me Brillat Savarin)은 말했다. 그래서 프랑스인들에게 치즈와 와인, 빵

은 식생활의 가장 중요한 삼위
일체로 여겨진다.

9세기에 샤를르마뉴 대제는
수도원들로부터 로크포르 치
즈(Roquefort Cheese)를 세금 대
신 내도록 했고 지방의 치즈 명
산지를 다스리는 귀족들이 해
마다 국왕에게 치즈를 바친 것
만 보아도 중세부터 치즈가 얼
마나 프랑스인들의 식생활에서

브리야 사바렝
(Jean Anthelme Brillat Savarin)

중요한 자리를 차지했었는지 알 수 있다. 위대한 프랑스를 꿈
꾸었던 샤를 드골 전 대통령은 "1년 365일보다 더 많은 종류
의 치즈를 생산하는 나라의 국민을 통솔하기란 참으로 어려운
일이다"라고 말했다. 프랑스라는 나라의 지역적 특성과 국민의
개성을 대변하는 이야기다. 오죽하면 프랑스를 1인의 대통령과
6,000만 명의 왕이 살고 있다고 표현했을까? 프랑스인들도 자

로크포르 치즈(Roquefort Cheese)

국에서 나는 치즈의 종류
를 잘 모른다. 치즈라는 것
이 동물의 젖과 그 동물이
먹는 풀의 특성에 따라 다
른 치즈가 생산되고, 각 지
역에서 서식하는 미생물의
종류에 따라 또 발효되는

과정이 수없이 분화되기 때문이다. 게다가 프랑스는 바다와 산맥으로 둘러싸인 지형에 아기자기한 구릉과 평원으로 모든 것이 풍족하다 보니 외부와의 상업

뽕 레베끄(Pont-l'Eveque)

적 접촉이 크게 필요하지 않았다. 그래서 대부분 치즈는 그 지방에서 소비되고 다른 곳과 생산방식이 별로 교류되지 않았다. 지방에 따라 고유한 치즈가 생산되는 이유가 바로 이 때문이다.

알프스 비옥한 초원으로 고원을 이루는 사브와 낮은 구릉 사이로 초원이 바다까지 펼쳐진 노르망디와 브르타뉴, 위도가 낮아 햇볕이 적어 습한 북부지방, 태양이 작열하고 바람이 많이 부는 언덕의 프로방스 등 다양한 기후를 가진 지방이 존재하는 것도 다른 이유 중 하나이다. 게다가 토양과 기후, 여기에 따른 목초지가 다양하다 보니 사육하는 동물들의 품종 또한 다양해 수많은 종류의 치즈가 탄생할 수 있었다. 뽕 레베끄, 먼스터 등은 중세 시대 때 수도사들이 처음 만들기 시작하였으며 까망베르는 18세기 말 노르망디 지방의 마리 아넬이라는 농장 부인이 처음 만들었다. 에멘탈, 그뤼에르, 보포르 등 커다란 맷돌같이 생긴 치즈들은 눈이나 비 때문에 아랫동네와 쉽게 단절되던 산간지방에서 오래 두고 먹을 수 있도록 고안된 것들이다.

보포르(beaufort)

만약 산업시대로 들어와 이런 전통을 지키지 못했다면 아마도 공장에서 찍어내어 치즈의 맛이 몇 가지로 획일화되고 말았을 것이다. 그러나 AOC라는 원산지 보호 제도 덕분에 샤를 드골이 통탄(실은 자랑이 아니었을까?)했던 그 수백 가지의 치즈 맛은 그대로 남았다. 게다가 수세기에 걸친 경험에 현대의 첨단기술이 결합하여 국가 브랜드 이미지에 후광을 주고 있다.

치즈를 만드는 젖의 종류로는 소, 양, 염소, 물소 등 다양한데 모두가 응유 효소인 레닛(rennet)을 넣어 단백질이 응고된 유장을 액체인 유장과 분리하는 것부터 시작한다. 먼저 물기를 적당량만 남기고 짜낸 후 형태를 잡아주는 틀에 넣는다. 여기까지는 대부분 치즈를 만드는 동일한 과정이지만 다음 단계에서 지방마다 가지고 있는 전통적인 숙성과정을 따르게 된다.

치즈는 원료가 되는 젖에 상관없이 크게 나누어 여덟 가지 중 한 방법으로 제조하게 된다. 즉, ①생 치즈 ②익히지 않은 경성 치즈 ③익힌 경성 치즈 ④반 익힌 경성 치즈 ⑤흰 곰팡이 연성 치즈 ⑥껍질을 닦은 연성 치즈 ⑦염소 젖 치즈 ⑧블루 치즈로 분류될 수 있다. 경성 치즈는 다시 세 가지 방식으로 만

연성 생 치즈의 하나인 마스카포네(Mascarpone)

들 수 있는데 생으로 숙성하거나 반 익혀서 숙성, 또는 완전히 익혀서 숙성하는 방법이 그것이다. 이 각각의 방법이 서로 다른 조직감을 형성하게 되는데 그 조직감에 따라 껍질을 형성하고 숙성하는 방식이 정해져 있다. 즉 '연성 생 치즈'는 수분을 80%가량 남겨 조직이 부들부들하고 형태가 무른 것이 특징으로 크림치즈, 페타, 마스카포네, 모차렐라 등이 여기에 해당한다. '연성 치즈'는 수분을 40~70%가량 남기고 틀에 넣어 모양을 만들고 익히거나 압착을 하지 않은 것을 말하는데 역시 세 가지 방법으로 숙성한다. 먼저 껍질에 흰 곰팡이를 입히거나 내부에 푸른곰팡이를 주사하는 방법으로 장기 숙성을 한다. 또한 껍질을 소금물이나 술로 씻는 방법이 있는데 이는 단기간 숙성에 사용한다. 위에 흰 곰팡이의 솜털이 가득 덮여 있는 연성 치즈가 바로 까망베르와 브리 등이고 내부에 푸른곰팡이 균사가 얽혀있는 연성 치즈가 바로 로크포르, 이탈리아의 고르곤 졸라, 영국의 스틸턴 같은 블루 치즈로 껍질째 그냥 먹는다. 또 연성 치즈의 껍질을 맥주나 와인, 물로 표면을 닦아 퇴색된 듯한 오렌지색을 띠고 있는 것은 뽕 레베끄, 리바로(Livarot) 등으로 풍미가 아주 강하며 껍질은 먹지 않는다. 산양 치즈는 젖의 특성이 달라 질감이 특별한 치즈가 만들어지는데, 소 젖에 많이 들어있는 카제인과는 다른 단백질 비율이 높아 열에 민감하여 더 부드럽고 크림 같은 질감이 형성된다. 게다가 젖에 균이 거의 없어 생 젖을 짜자마자 그

리바로(Livarot)

냥 먹어도 아무 문제 없다. 경질 치즈는 수분을 30~40%만 남기고 그냥 생으로 압착을 하거나 저온에 반 또는 완전히 익혀 압착하는데 익혀서 압착할수록 수분이 더 빠지며 숙성도 오래 걸린다. 껍질 그대로 건조하는데 표면을 솔로 닦으며 숙성시키는 것도 있고 붕대나 짚으로 감기도 하며 기름칠이나 왁스 또는 플라스틱을 입히기도 하므로 껍질은 잘라내고 먹는다. 스틸톤 등의 블루 치즈는 솔로 닦고 체다는 붕대로 감으며 에멘탈은 기름을 바른다. 반쯤 익힌 것에는 영국의 체다 치즈가 우리에게 가장 잘 알려져 있다. 그 외 에담, 고다 등이 반 익힌 것이고 수분이 거의 빠진 파르마산은 초경질로 썰어지지 않고 부스러진다.

치즈 맛이 최고조에 달하는 시기는 젖소가 풀을 뜯는 시기다. 농장에서 만들어지는 치즈와 공장에서 생산되는 치즈는 질적인 차이가 있으며 농장치즈가 전통적인 방식을 더 충실히 구현해낸다. 공장에서 만들어지는 치즈는 장기 저장을 위해 살균 처리된 우유로 생산되기 때문에 생명력이 없는 치즈라고 할

수 있다. 프랑스에서 최고로 인정하는 치즈는 주로 생우유를 기본재료로 하는데 살균처리가 되지 않은 우유에는 발효에 유효한 요소들이 많이 들어 있어 시간이 지날수록 그 가치를 더하기 때문이다. 마치 와인이 하나의 유기체로 지속적인 성장을 하듯 치즈 또한 시간에 따라 변화하는 살아있는 유기체로 보아야 한다.

### 프랑스 남부의 붉은 쌀과 태양초

프랑스에서도 쌀과 고추가 생산된다는 것을 아는 사람들은 많지 않다. 하지만 그 생산량이 아주 적고 특화되어 있어 일반적으로 시중에 많이 유통되는 것은 미국 쌀과 파프리카 가루다. 하지만 '카르푸'나 '오샹' 등 대형 슈퍼의 식품 판매대를 자세히 들여다보면 갖가지 진귀한 보물들을 만날 수 있다.

프랑스 남부의 프로방스와 랑그도크 지역은 14~16세기까지 쌀농사를 지었다. 어딘가 이 세상에 속하지 않는 듯한 아름다움이 있어 19세기 인상파 거장들인 고흐와 고갱, 20세기 거장 중 피카소 등이 사랑했던 남프랑스는 지중해의 따가운 햇빛과 알프스의 차가운 북풍인 미스트랄이 교차하는 지방이다. 이 지역에서 쌀농사를 짓게 된 것은 까트린느 드 메디치의 사위였던 앙리 4세 시대였다. 국왕은 동방에서 들어온 쌀을 재배하기 위해 프랑스 여러 지역에 심어보았으나 번번이 실패하였다. 그런데 카마르그(Camargue)의 늪지대에서 성공하자 이 지역에 쌀농사와 사탕수수 농사를 장려했다. 하지만 습지다 보니 사람이 많이 살지 않아 방치되다가 19세기부터 이 주변에 포도원이 생기면서 쌀농사도 늘었다. 쌀농사를 짓게 되자 논이 습지에서 물을 빨아들여 마른 땅이 생기자 포도나무를 재배할 수 있게 되니 일거양득이었다. 왜냐하면 포도나무는 물이 부족한 척박한 땅에서 자라야 뿌리를 깊게 내려 양질의 포도가 열리기 때문이다. 생산량이 그리 많지는 않지만 20세기에 와서 카마르그 쌀은 명품으로 떠오르기 시작했다. 현재 이 지역의 모든 쌀은 유럽공동체에서 IGP법으로 지역을 보호하고 있다. 특히 100% 유기농으로 재배하는 붉은색 쌀은 도정하지 않은 현미로 품종 개량이 아닌 자연적인 돌연변이종이다. 지중해의 바닷물은 염도가 높아 카마르그는 프랑스 최대의 소금 생산지기도 한데 바로 이 소금기와 바람을 머금고 자란 쌀이 오랜 세대를 지나며 돌연변이를 일으켜 맛과 향이 가미된 것이다. 게다가 수확 후 미스트랄의 바람 아래 서서히 말려 미묘한 맛과 특별한 질감을 갖게 된다. 이 쌀은 야채와 함께 두루두루 메인 요리에 쓴다. 이외에 쌀의 길이에 따라 네 가지 종류의 흰쌀도 생산되는데

둥근 쌀은 디저트용이고 중간 쌀은 파에야나 리소토 또는 라따뚜이 등의 쌀 요리에 쓰고 긴 쌀은 샐러드에 넣는다. 그리고 아주 긴 쌀은 고기나

카마르그(Camargue)에서 재배되는 붉은색 쌀

생선 등 메인요리와 함께 가니쉬(Garnish, 음식의 외형을 돋보이게 하기 위해 음식에 곁들이는 것)로 곁들여 먹는다.

한국에 청양고추가 있듯 세계에는 아주 레전드급의 고추가 있다. 파프리카는 헝가리 태생이고 할라피뇨나 파실라, 안초 등은 멕시코 태생이다. 그런데 프랑스에서 고추가 난다는 사실을 아는 사람들은 많지 않다. 그것도 프랑스의 유일한 향신료라는 공식 명칭을 받은 고추를 말이다. 바로 스페인 국경에서 몇 킬로 떨어지지 않은 피레네 산맥 기슭의 니브 계곡(Vallée de Nive)에서 이 고추를 재배한다. 이 지역은 옛날 스페인과 프랑스 사이에서 독립국이었던 바스크 지역으로 에스플레트라는 마을은 원산지 명칭인 AOC의 보호를 받고 있는 고추의 명산지다. 이 지역 또 하나의 명품 음식재료인 바이욘 햄은 전통적으로 돼지 뒷다리를 소금에 묻어 두었다가 숙성시킬 때 에스플레트 고추장을 발라가며 독특한 색과 향이 배게 한다. 처음에는 얼얼한 매운맛에 익숙하지 않던 스페인과 포르투갈 인들이 수도원의 정원에서 호기심에 관상용으로 길렀고 이탈리아인들은 매운맛을 싫어해 고추에 별 관심을 보이지 않았다.

프랑스에서 고추를 재배하게 된 것은 콜럼버스가 아메리

바이욘 햄(Jambon de Bayonne)

카 대륙으로 두 번째 항해를 할 때 동행했던 곤잘로 페르카테기 덕분이다. 바스크 지방 출신이었던 그는 스페인에서 고추와 옥수수를 가져와 아두르(Adour)만 연안의 니브 계곡에 심었는데 이 중 한 종에 몇백 년 동안 서서히 유전자 변형이 일어나 '에스플레트 고추'가 된 것이다. 온난한 기후에서 별 어려움 없이 쑥쑥 잘 자라는 고추는 순식간에 유럽과 아프리카로 퍼지게 되고 독특한 매운맛으로 비싼 후추를 대신하게 되었다. 당시 동방에서 수입되던 후추는 귀족들이나 쓸 수 있는 비싼 향신료 대접을 받았다. 집에 있는 식탁에 후추와 중국산 도자기가 올라가 있으면 게임이 끝나던 시대였다. 그래서 후추는 거의 현금처럼 사용될 정도로 귀한 대접을 받았다. 이와 반대로 고추는 후추와 같은 매혹적인 향은 아니지만 싼값에 그 얼얼함을 후추 대용품으로 쓸 수 있었다. 바스크 지방에서는 바이욘 햄, 파스타, 소시지, 파이 등을 비롯해 모든 요리에 후추 대신 에스플레트 고춧가루를 넣었다.

필자가 이곳의 고추에 관심을 두게 된 것은 집마다 텃밭에서 기르고 있던 그저 그런 고추가 갑자기 십여 년 전부터 주목받는 특산품으로 떠올랐기 때문이다. 바로 원산지 보호 명칭이라는 AOC 제도와 지역 단위의 총력을 기울인 마케팅 덕분이다. 물론 역사도 있고 스토리텔링도 있지만 단시간 내에 이처럼 '마케팅적' 측면에서 성공한 예는 많지 않다. 우리나라의 농산물이 걸어야 할 길을 그대로 보여주고 있다고 생각한다. 1999년 6톤에 불과하던 생산량이 2010년에는 95톤으로 16배가

증가한 것 외에도 축
제와 관광 등으로 끌
어들이는 돈은 스페
인 국경의 피레네 산
맥 기슭에 처박혀 있
던 바스크 지역의 발
전에 크게 이바지했

에스플레트(Espelette) 고추

다. 이 지역 10개 마을에서만 생산하는 고추에 대한 관리는 와
인 부럽지 않을 정도로 철저하다. 여러 세기 동안 전통적으로
보존해온 품종의 맛과 향, 재배방식, 건조법을 그대로 살릴 수
있도록 단계별로 파종에서부터 마무리까지 정부가 일괄적으로
관리한다. 재배하는 중간 중간에도 감독공무원들과 생산자, 전
문감정가, 레스토랑의 셰프들, 소비자들로 구성된 심사위원회
가 정기적으로 그 품질과 독창성에 들어맞는지를 샘플 테스팅
한다. 품종은 단 하나만을 재배하며 헥타르당 재배 그루 수도
제한되어 있다. 8월 말부터 11월 30일 이전까지 고추가 녹색에
서 붉은색으로 바뀌면 차례대로 추수한다. 수확해서 새끼줄에
꿰는 과정 전부 반드시 수작업으로 해야 한다는 것까지 명시
되어 있으며 관개(灌漑) 역시 엄격하게 정해져 있다. 수확한 고
추는 집집마다 햇볕이 잘 들고 바람이 잘 통하는 베란다나 창
가에 매달아 최소 15일에서 여러 주 동안 말린다. 우리나라의
고춧가루와 마찬가지로 자연의 공기와 햇빛 아래에서 말린 태
양초여야 최대한의 아로마가 표현될 수 있다. 고추가 다 마르면

여러 시간 오븐에서 낮은 불에 구워 숙성시킨 후 빻는데 그 어떤 색소나 화학물질도 첨가가 금지되어 있으며 포장 단위나 방식까지 정해져 있다. 가루가 다 완성된 후 다시 한 번 심사위원단의 테스팅을 통과하면 비로소 출시할 수 있다. 생고추는 가공용으로만 유통되며 시중에는 줄에 엮어 말린 것과 고춧가루로만 판매한다. 신선한 재료 자체로 파는 것은 퓨레나 페이스트 상태다. 그 자체로 소금물에 절여 용기에 담아 팔거나 피클로 만든 제품도 있고 크림도 있으나 페이스트보다 더 마일드하다.

에스플레트 고추는 매운맛 측정 단위 '스코빌 지수(Scoville Heat Unit)'의 4,000 정도로 부드러운 맛이다. 파프리카가 0, 피망이 300, 할라피뇨가 2,500~5,000이고 우리나라 청양고추가 4,000~10,000이다. 독특하고 섬세하며 살짝 달콤한 맛에 스모크향이 감돌아 요리에 감칠맛을 더한다. 한국의 고춧가루처럼 혀가 아플 정도로 얼얼하게 마비시키거나 칠리고추처럼 타는 듯한 매운맛은 없지만 요리에 넣으면 오븐에서 구운 후 빻았기 때문에 과일 향과 구운 향이 추가된다. 말린 고추는 올리브유와 마늘, 양파 등과 함께 파스타나 쌀 요리에 쓸 수도 있고 수프나 소시지 안에 넣어도 맛있다. 또한 올리브유에 마리네이드(marinade)해서 애피타이저나 스튜 등의 메인 요리에 토핑 겸 장식으로 얹어도 된다. 바스크 지방에서는 생고추로 상쾌한 리큐르(liqueur)를 담기도 하며, 고춧가루는 테이블에 후추나 소금처럼 놓아 후추를 대신하기도 한다. 해마다 10월 마지막 주말

이 되면 이 작은 에스플레트 마을은 고추 축제로 들썩거린다. 주말 내내 음악과 춤, 시상식이 열리며 길가에는 바스크 지방 특유의 옥수수 가루로 만든 탈로(Talo) 토

에스플레트 마을에서 흔하게 볼 수 있는
고추를 말리는 풍경

티아에 각종 햄이나 초리조 또는 초콜릿을 넣은 샌드위치를 파는 노천 상점이 즐비하고 각 레스토랑에는 먹고 마시는 사람들로 넘친다. 일요일에는 고추를 줄에 엮어 교회에서 축성 미사를 드리고 거리는 세계 곳곳에서 몰려든 관광객들과 고추를 사러 온 사람들로 북적인다. 마을의 모든 집은 테라스와 벽에 고추를 매달고 거리는 축제와 퍼레이드 행렬로 넘쳐난다.

## 봉이 김선달과 H2O

프랑스는 나라 전체가 석회암 지반 위에 있어 물이 양적으로는 풍족하지만, 질적으로는 열악하다. 비단 프랑스 뿐은 아니겠지만 유럽에서 와인이 발전한 데는 나름의 이유가 있다. 물속에 칼슘이 녹아 있는 물을 경수라고 하는데 석회질 안에는 다량의 칼슘이 많이 포함되어 있다. 그래서 프랑스의 수돗물은 경도가 한국의 4배다. 온몸에 비누칠을 해도 거품이 금방 씻겨 내려가 샤워 후의 매끈매끈함은 기대할 수 없다. 또 레스토랑에 가서 앉으면 바로 물을 가져다주는데 익숙해 있던 우리에게 물도 따라주지 않는 프랑스 레스토랑은 영 적응이 되지 않는다. "물 좀 주세요(Garçon, de l'eau, s'il vous plait!)"라고 했더니 냉큼 와서는 "생수(L'eau minéral)?" 하는 거다. "미네랄? 좋지(Minéral? Oui, Oui)"라고 대답했다. 우리나라에는 생수가 없던 시절이라 '선진국이라 주전자를 안 쓰고 세련된 병에 주는구나' 하며 내심 엄청나게 고마워했다. 그런데 나중에 계산서를 보니 커피 값보다 물값이 두 배나 비쌌다. 얼마 후에야 프랑스에서는 식탁에 앉으면 자동으로 물이 서빙되는 것이 아니라 사 먹어야 한다는 것을 알았다. 유럽에서 물은 무조건 자판기에서 사야 한다. 생수 500$ml$가 1유로(약 1,500원) 정도니 한국보다 세 배쯤 비싸다. 그냥 주는 물도 있지만 생수나 끓인 물이 아닌 오드 로비네(Eau de robinet), 즉 수돗가에서 그냥 받은 물이다. 하지만 많은 프랑스인은 수돗물을 그냥 마시는 데 대해 큰 거부감이 없다. 가정에서도 물을 사 마시는 것이 일반화되어 있긴 하지만 한국 사람들이 수돗물을 끓이지 않으면 믿지 못하는 것 같은 불신감은 없다. 20세기 초만 하더라도 수돗물을 마시던 인구가 반도 못 미쳤던 프랑스였지만 현재는 약 70~80%가 수돗물을 그냥 마실 정도다. 이는 정부가 끊임없이 좋은 이미지를 부각하고 부정적인 인식을 개선한 결과다.

사실 프랑스 수돗물 자체도 생수라고 할 수 있다. 한국처럼 강물을 퍼 올려 정수한 것이 아니라 지하수를 끌어 올려 여기에 염소를 넣어 소독한 것이기 때문이다. 그래서 수돗물 문제는 미생물이 아니라 물속에 녹아있는 석회질 성분 때문에 발생한다. 하루만 설거지하지 않고 그릇을 그냥 놔두면 하얗게 석회가 앉고 며칠 지나면 아예 치석처럼 달라붙는다. 그러다 보니 이 나라의 모든 것은 석회질과의 싸움이다. 다리미나 가습기도 그냥 수돗물로 계속 쓰면 석회가 끼어 나중에는 노즐이 막힌다. 그래서 석회질을 제거하는 미네랄 제거용 물이 따로 시판되는데 수돗물에 타서 물속의 모든 노폐물과 석회질, 염소까지 제거한다. 그러나 이런 제품은 화학약품이니 절대로 식용으로는 쓰면 안 된다. 게다가 생수라도 석회질이 아주 제거된 게 아니다. 에비앙(Evian)에도 꽤 많은 석회질이 들어 있다. 그래서 프랑스에 가면 처음에는 에비앙이나 볼빅(volvic)을 사서 이 물로 밥도 해먹고 세수 후 얼굴을 헹구는 호사도 부리지만 결국에는 수돗물에 익숙해진다.

볼빅(volvic)

이렇듯 석회질 때문에 물에 강박관념이 있는 유럽의 나라들은 일찍부터 와인과 맥주 등이 발달했다. 그중에서도 석회질 지반 위에 올라타고 있는 프랑스는 자신의 결점을 강점으로 전환해서 와인뿐 아니라 전 세계 물 시장을 쥐락펴락하고 있다. 물의 종류도 다양하다. 와인에도 일반 와인이 있고 탄산이 들어간 와인이 있듯이 물도 일반 물과 탄산이 들어간 물이 있다. 한국에도 수입되어 비싸게 팔리고 있는 페리에(perrier)를 비롯해서 바두아(Badoit), 께작(quézac) 등은 설탕이 안 들어간 사이다 같이 톡톡 쏘는 탄산의 쌉쌀한 맛이 일품이다. 알프스의 깊은 계곡 바위틈에서 몇십 년간 여과되어 나오는 에비앙은 단연 프랑스 생수시장의 1위 주자이다. 여기에 볼빅, 비텔(Vittel), 콩트렉스(Contrex) 등 그야말로 생수의 춘추전국이 벌어지는 곳이 프랑스다. 한국의 편의점에도 이젠 프랑스 생수가 안 들어가 있는 곳이 없다. 청담동의 칵테일바나 와인바에서는 자리에 앉으면 아예 에비앙 생수 $300ml$를 병째로 낸다. 프랑스를 보면 자신들의 문화에 스토리를 만들고 포장하는 기술은 정말 탁월하다는 생각이 든다. 우리는 에비앙이건 볼빅이건 물맛이 특별히 좋아서 마시는 것이 아니라 프랑스를 마신다고 볼 수도 있다.

지구 위에 생수 브랜드는 많지만 사실 시장을 쥐락펴락하는 기업은 몇 개 안 되는 프랑스 회사들이다. 코트라(KOTRA, Korea Trade-Investment Promotion Agency)의 자료를 보면 페리에, 께작, 콩트렉스, 비텔을 보유한 스위스의 네슬레 워터스(Nestlé Waters)가 프랑스 시장에서 최대 강자로 36.7%를 차지한다. 다음으로 에비앙, 볼빅, 바두와(Badoit)를 생산하는 다논(Danone)

바두아(Badoit)

크리스탈린
(Cristaline)

이 31.1%, 크리스탈린(Cristaline)을 생산하는 넵튠(Neptune)이 12.3%의 시장을 점유하고 있다. 프랑스 생수시장에서 높은 점유율을 차지하는 다논을 펩시콜라가 인수한다는 소문이나 고급 생수시장에서 선두권을 달리는 에비앙을 일본 맥주회사에 매각한다는 보도 등에 프랑스인들은 펄쩍 뛴다. 에펠탑만큼이나 프랑스의 상징으로 여기는 에비앙을 패스트푸드의 상징인 미국이 가져간다는 건 있을 수 없다는 반응이다. 게다가 일본의 기린, 아사히, 산토리 등의 맥주회사가 에비앙을 넘보는 것은 자존심이 걸린 문제라는 분위기다. 그뿐 아니다. 프랑스는 와인, 맥주, 브랜디 등에서부터 맹물과 수로시설까지 물에 관계되는 것이면 무엇이건 전문가로 기반을 잡아 왔으며 물이 좋지 않아 물을 팔아먹는 이상한 나라가 되었다. 현재는 파리시로 이전했지만 파리에 수도가 생긴 18세기 나폴레옹 시대부터 민간 기업이 수도 사업을 해왔기에 노하우가 축적되어 전 세계의 물 사업에 관여하지 않는 곳이 없다. 아이러니하게도 거대한 자본을 가진 이 물 회사들이 아니면 아프리카 오지의 수도 개발 사업은 하기 어렵다. 결국 거대자본이 물을 소유하는 악순환은 계속된다. 매일 아침·저녁 우리가 샤워하는 동안 아프리카의 어느 부족들은 연명할 물을 긷기 위해 아침마다 통을 이고 수십 킬로미터를 걷는다.

현대 사회에서 물을 소유한 것은 결국 자본이 축적된 나라들 뿐이다. 우리나라에도 대기업들이 각축전을 벌이고 있는 생수 시장이 이를 증명한다.

지구로부터 인류가 물려받은 공동재산인 물을 거대한 부자 들이 독점하고 있는 현실을 비판하며 다니엘 미테랑 재단(France Libertés - Fondation Danielle Mitterrand)에서는 '물 잎'이라는 예쁜 뜻 이 담겨 있는 '라 페유도(La Feuille d'Eau)'라는 물통을 만들었다. 다니엘 미테랑 재단이 주관하고 필립스탁 등이 협찬해서 내놓 은 것으로 이 물통을 5유로(약 7,500원)에 사면 이 기금을 저개 발국의 물 사업에 투자한다. 다니엘 미테랑 재단의 홈페이지나 아네스B 매장에서 구입할 수 있는데, 납작한 보드카 병처럼 생 긴 디자인은 나날이 얇아져 가는 현대의 노트북과 휴대전화의 이미지를 반영한다고 한다. '물은 인류의 공동재산(Bien commun de l'humanite, l'eau n'a pas de prix)'이라는 글귀가 큼지막하게 새겨 져 있다. 곰곰이 생각해 보아야 하는 문구다. 아프리카에서 기

라 페유도(La Feuille d'Eau)

아와 갈증에 허덕이는 아이들을 생각하면 정말 잘하는 일이긴 하지만 물을 팔아 부자가 된 나라가 지구의 물 걱정까지 한다니, 프랑스는 참 오지랖도 넓은 나라인 것만은 사실이다.

### 세계 최고의 명품 소금

와인이나 치즈 등에 밀려 잘 알려지지는 않았지만 프랑스는 세계 최고의 소금 생산국가 중 하나다. 북쪽은 영국해, 서쪽은 대서양, 그리고 남쪽은 지중해로 삼면이 큰 바다로 둘러싸여 바다에서 나는 음식재료가 풍성하다. 그 중 소금은 지중해와 대서양 해변의 염전에서 주로 생산된다. 지중해에서는 주로 산업적인 공정으로 만드는 소금을 생산하고 대서양 쪽에서는 그야말로 몸으로 때워서 만드는 천일염의 명산지다. 천일염은 개펄에 바닷물을 가둔 뒤 햇빛과 바람으로 자연 건조해 만드는데 기계를 쓸 수 없어 광활한 염전에서 일일이 맨발로 소금을 긁어 수확해야 하므로 여간 힘든 작업이 아니다. 게다가 개펄의 특성상 소금을 수확하는 시기인 6월에서 10월 이외의 기간에도 염전을 방치하면 안 되기 때문에 유지를 위해 연중 관리를 해야 하는 노동 집약적인 산업이다. 그래서 한국에서는 새마을 운동 당시 관리를 쉽게 하려고 염전의 밑바닥에 인공적인 장판 등을 깔아 개펄에서 생산하는 천연 토판염을 찾기 어려워졌다. 하지만 요즘에는 차차 소금의 중요성에 눈을 떠 토판 천일염을 생산하는 곳이 생기고 있다.

프랑스의 소금 중 가장 최고로 치는 것은 대서양 변의 브르

게랑드 소금(gros sel)

타뉴 지방에서 나는 게랑드(Guérande) 소금이다. 멕시코 난류가 흘러와 부딪치고 가는 유럽 대서양 변에 위치하여 온난한 서안해양성 기후에 건조한 바람과 많은 일조량, 점토질의 개펄이 갖추어진 이 마을은 국가에서 보호하는 청정 지역이다. 최고의 소금을 생산하기 위해 게랑드 마을 주변에는 고속도로나 공장, 축산업, 양식장 등이 금지되어 있다. 오염으로부터 철저히 격리된 2천 헥타르의 염전에서 인간과 자연의 힘만으로 소금을 생산한다. 이곳에 염전이 조성된 것은 로마 시대라고 하는데 아직도 천 년 전 중세 시대의 사람들이 소금을 만들던 그 방법 그대로 천일염을 생산하고 있다. 프랑스인들의 억척스러운 장인정신이 바다와 토양, 햇빛과 함께 짠맛의 예술품을 빚어내는 것이다. 이 지역의 소금이 독특한 떼루아를 갖게 된 이유는 '두날리엘라 살리나(Dunaliella salina)'라고 하는 호염성 미생물의 작용이 더해졌기 때문이다. 다른 생물은 살 수 없는 염도에서 살아가는 이 특이한 미생물은 핑크색이 감도는 해조류로 게랑드 소금에 미네랄과 핑크빛을 머금게 한다. 그래서 17세기 프랑스 절대왕권의 정점을 찔렀던 루이 14세의 식탁까지 올라 '황제의 소금'이라는 멋진 이름을 얻었다.

대서양 변이 온난한 반면 지중해는 강렬한 햇빛과 바람으로 유명하다. 알프스로부터 시작되어 프랑스의 유명한 포도밭들 사이를 흐르는 론(Rhône) 강이 지중해로 흘러가는 하구에 또 하나의 소금 명산지인 카마르그가 있다. 론강 상류로부터 내려오는 충적토가 쌓여 만들어진 광활한 삼각주인데 이 지역 남쪽의 지중해 해변에 프랑스에서 가장 넓은 '살렝 뒤미디(Salins du)'라는 염전이 있다. 이곳은 산업적으로 소금을 대량 생산하는 곳이다. 대기업인 살렝(SALINS)이나 페키네(Pechiney) 등의 소금공장이 있어 거대한 소금산들을 곳곳에서 볼 수 있다. 프랑스 주부들이 집에서 많이 쓰는 발렌(Baleine)이 바로 살렝에서 만드는 브랜드다.

프랑스의 슈퍼에 가면 다양한 소금들이 있는데 크게 세 가지 종류로 나누어 볼 수 있다. 회색빛이 나는 굵은 소금과 이보다 결정이 작으면서 하얗고 똘똘한 소금꽃(fleur du sel), 그리고 우리나라 맛소금 정도로 작은 테이블 소금이다. 물론 맛소금과는 전혀 다른 짠맛만 나는 순도 100% 소금이다. 이 중 가장 고급은 소금꽃이다(한국의 꽃소금과 이름이 비슷하지만 전혀 다르다). 더운 여름 염전에 미풍이 불면 바닷물의 표면에 더운 증기가 소금막을 이룬다. 염전 표면에서 마치 꽃처럼 피어오른다고 해서 붙여진 이름이다. 이렇게 만들어진 소금막을 염전 밑바닥의 진흙이 딸려오지 않도록 조심스럽게 거두어 말린 것이 바로 소금꽃이다. 생산량이 전체 염전의 5%밖에 되지 않고 손도 많이 가므로 당연히 비쌀 수밖에 없다. 소금꽃을 걷어낸 후 물이 증발하면서 소금결정이 뭉쳐져 염전바닥에 가라앉은 것을 긁어

내 말린 것이 회색빛이 도는 굵은 소금이다. 이렇게 긁어낸 소금을 자연 상태에서 몇 년간 보관하면 불순물이 모두 빠지며 더욱 정제된 소금이 만들어진다.

올리브유

남부 프랑스 역시 지중해에 길게 면하고 있어 이탈리아나 스페인, 그리스처럼 올리브유 없이는 요리가 되지 않는다. 지중해의 역사에서 올리브와 포도는 성서에도 수없이 언급될 정도로 이들의 피와 체액과도 같았다. 지중해 주변에 있는 도시들의 가로수나 저택에 딸린 정원에서는 쉽게 가지가 늘어진 올리브 나무들을 볼 수 있다. 구불구불 버들처럼 늘어져 긴 잎이 달린 이 나무는 처음 보면 기괴하다는 느낌마저 받는다. 옛 고을의 서낭당에 잎을 늘어뜨리며 서 있는 나무같이 낯설어 보이기 때문이다. 하지만 가지에 가득 달린 올리브 열매들을 가까이 가서 보면 슬그머니 정감이 생긴다. 올리브도 나무를 심은 후 15~20년이 지나야 제대로 수확할 수 있기 때문에 와인처럼 초기 투자비용이 많이 드는 농작물이다. 우리가 시중에서 보는 올리브 열매에는 녹색과 검은색이 있지만 나무의 종류가 다른 것이 아니고 처음에는 녹색이던 열매가 익으면서 검은색이 되는 것이다. 녹색일 때 따거나 털어서 가공하면 녹색이 그대로 유지되고 검은색이 필요하면 익은 후에 따서 가공한다. 올리브유는 농익은 검은 올리브에서 추출한다.

올리브유에는 단순 불포화 지방산인 올레인산이 많아 산화

올리브 열매

가 잘되지 않으며 토코페롤, 스쿠알렌, 폴리페놀 등의 항산화제를 함유해 노화 방지 효과도 있다. 생 열매를 그대로 눌러 짜서 얻은 엑스트라 버진은 이런 천연 항산화제가 그대로 기름 속에 남아있기 때문에 장수식품으로 치는 것이다. 인간이 늙어간다는 것 역시 산소를 호흡하며 몸의 세포가 산화되어 가는 과정이므로 이를 방지해 주는 항산화제는 노화를 지연시키는 효과가 있다.

올리브는 숙성하거나 오래 두고 먹는 식품이 아니므로 식초처럼 찌릿한 향이나 곰팡내 같은 것이 나면 이미 상한 것이다. 잘못 제조한 오일에서는 종이 상자나 비누 냄새 같은 것도 나는데 아스팔트 냄새가 나면 오일의 균형이 깨진 것이다. 오래되거나 보관을 잘못한 오일에서는 꼬리 꼬리한 묵은 냄새가 난다.

품종의 특색이 아주 뚜렷하고 지역적 특색이 그대로 열매에 나타나는 포도나무와는 달리 올리브는 품종보다 나무의 수령이 더 중요하다. 좋은 올리브를 얻으려면 적어도 15년은 족히 기다려야 한다. 스페인이나 프로방스의 올리브들은 부드럽고 쏘는 맛이 별로 없다. 반면에 코르시카나 이탈리아, 그리스의 올리브들은 좀 더 신선하고 강렬한 맛이 특징이다.

올리브유는 산도가 낮을수록 고급으로 치는데 엑스트라 버진(Extra Virgin)은 산도가 1% 미만이다. 또 발연점이 아주 낮아 조리용으로는 적당치 않고 참기름처럼 자연 상태 그대로 드레싱이나 빵을 찍어 먹는 데 쓴다. 엑스트라(Extra)라는 말이 없이 그냥 버진 올리브유(Virgin Olive Oil)도 있는데 이는 한 번의 압착으로 추출하고 맛과 향도 좋으나 산도가 엑스트라 버진보다 조금 높아 1~2% 정도이다. 맛과 향이 조금 떨어지지만 용도는 엑스트라 버진과 비슷하다. 식용유처럼 볶음이나 튀김 등 열을 가하는 요리에는 퓨어 올리브유(Pure Olive Oil)를 쓰는데 산도는 1~2%이다. 한 번 압착한 것과 압착한 후 남은 올리브를 다시 압착해서 정제한 것을 섞어 만드는데 향이 진하지 않고 맛도 담백해 음식재료를 살리면서 기름 고유의 풍미를 더한다. 이외에 올리브를 압착하고 남은 찌꺼기를 원심 분리기로 추출한 포마세 올리브유(Pomace Olive Oil)는 맛이 너무 써 식용으로는 적합치 않고 비누나 화장품 등을 만들 때 사용한다.

올리브유는 페트병보다는 유리병에 담는 것이 좋다. 햇빛에 노출되면 영양소가 파괴되기 때문인데 자외선이 차단되는 짙은 색이면 더 좋다. 상점 선반에서도 앞쪽에 진열된 것보다 안쪽의 그늘진 곳에 있었던 것을 구입하는 것이 좋다. 라벨 위에는 와인처럼 한 병의 기름에 담긴 여러 가지 정보가 명기되어 있다. 오일의 산도와 등급, 용량, 원산지는 기본 의무사항이다. 제조자나 농장의 이름이 따로 자세하게 표기된 것일수록 품질이 좋을 경우가 많다. 즉, 여기저기서 대량으로 구입해 한꺼번에 짠 산업용이 아니라 자기네가 키워 직접 짜낸 손맛 나는 진짜 올리브유일 확률이 높은 것이다. 올리브유는 10~26℃ 정도의 실온에서 보관하되 빛이 들지 않고 습하지 않은 찬장에 넣어 두도록 한다. 냉장고에 넣어두면 굳으면서 색이 탁해지지만 상한 것은 아니다. 다시 실온에 두면 원상 복귀되지만 올리브의 투명한 느낌이 없어지므로 냉장고에는 넣지 않도록 한다. 산소가 닿으면 산화하므로 뚜껑을 잘 닫아둔다. 완전 밀봉 상태에서는 제조일로부터 1~2년 정도의 유통기간을 갖지만 개봉후에는 빨리 사용하는 것이 좋으므로 되도록 작은 병을 사서 사용한다.

# 미식(Gourmet), 인간의 맛

## 미식의 가면을 쓴 사디즘

인간은 정착생활을 하면서부터 자기보다 지혜가 없는 동물들을 사육하여 잡아먹기 시작했다. 기술의 진보는 인간에게 지구 위의 모든 동물을 제압할 수 있는 힘을 주었고 먹이사슬의 맨 꼭대기에 군림할 수 있게 했다. 힘 있는 자가 약한 자를 지배하는 구조는 인간 사회에서도 마찬가지였다. 강한 부족이 약한 부족을 점령하면 그 부족 사람들은 강한 부족의 노예가 되었다. 노예는 짐승과 동격이었다. 문명은 기술의 진보를 가져왔지만 인간성에 진보를 가져온 것은 아니었다. 그러나 근대사회로 들어서며 '인간의 존엄성'이라는 사회적 약속이 자리를 잡았다. 이 존엄성의 가면을 쓰게 되면서 약한 자에 대한 공격 본능은 무의식 깊은 곳으로 숨어들었다. 하지만 절대로 사라지지 않는 본능은 마치 마그마처럼 인간 무의식 속에서 부글부글 끓고 있어 조금만 의지가 약한 부분이 보이면 그곳을 뚫고 화산처럼 폭발하고는 한다. 이 중 합법적으로 발휘하는 것 중 하나가 식욕에 '미식'이라는 이름을 입힌 것이다. 배가 고파야 사냥을 하는 동물들과 비교하면 인간은 즐거움을 위해 사냥하고 또한 언제라도 자기보다 약한 동물을 가두어 놓았다가 잡아먹을 수 있었다.

고대 역사의 음식문화에 대해 알 수 있는 것들은 고작 로마 시대 정도로 거슬러 올라간다. 남아있는 자료들만 보아도 로마 시대만큼 인간의 사디즘이 극도로 드러난 시대는 드물었다. 로마의 최대 미식가로 역사상 가장 오래된 요리책을 남긴 아피시우스는 진귀한 음식재료로 초대객들을 흥분시키는 것이 일생

아피시우스(Apicius)

일대의 낙이었다고 한다. 로마 최대의 부호로 황제의 친구이기도 했던 그는 정말 사용하지 않는 음식 재료가 없었다. 그 당시에 비행기나 잠수함이 있었다면 이것도 먹어치웠을지 모른다. 낙타 발꿈치에 돼지 자궁, 새의 혀, 타

조 다리 등 기발한 음식재료로 요리를 만들어 초대객들의 감탄을 자아내는 것이 인생의 낙이었다니, 아무리 부자라도 재산이 남아날 수가 없었다. 가세가 기울어 더는 식도락질을 할 수 없게 되자 삶의 희망을 잃은 그는 자살했다고 한다.

군사 국가였던 로마는 문화 자체가 남성호르몬이 넘치는 사회였다. 여성적인 섬세함이 결여된 테스토스테론은 공격성을 강화하는 호르몬이고 전투력도 향상된다. 대 제국을 건설하던 군사 국가인 로마는 이 호르몬 분비를 전 국민에게 강요할 수밖에 없었을 것이다. 콜로세움에서의 잔인한 격투기 시합, 동물에게 순교자들을 밥으로 던져주기, 요리를 서빙하다 실수하는 노예의 손목을 그 자리에서 잘라 목에 걸게 하고 모든 초대객들에게 사과하며 돌아다니게 하기 등 그 잔인한 사디즘의 본성은 몸서리쳐질 정도이다. 이후 중세 시대나 미국의 흑인 노예들도 인간의 존엄성은 인정받지 못했지만 이 정도는 아니었다. 인간에게 금지된 많은 행위 중 순수하게 먹기 위해 살아있는 동물에게 하는 행위만큼 이런 사디즘적인 면모가 드러나는 것도 없다.

문명이 진보되어 있다고 하는 사회일수록 이런 경향은 뚜렷하게 드러난다. 사막의 베두인들이 힘을 못 쓰게 된 늙은 낙타를 잡아먹는다든지 고립된 에스키모들이 더는 달릴 수 없게 된 병든 개를 먹는 것과는 그 차원이 다르다. 어릴 적 외가에 갔을 때 마당에서 돌아다니던 암탉이 그날 저녁 식탁에 올라온다거나 꿀꿀거리며 주인을 반기는 돼지를 내일 동네 사람들과 잡을 거라는 소리 등을 들을 때면 이상한 불안감에 소스라 치던 기억이 있다. 물론 먹이사슬의 맨 위에 있는 인간을 위해 그 하위의 먹잇감들은 모두 식욕을 만족하게 하려고 존재하는 것이라 할 수도 있지만, 비단 배가 부르기 위해서라면 굳이 멀쩡한 동물을 죽일 이유는 없다. 사자나 호랑이는 배가 부르면 다른 동물을 해치지 않는다. 오직 인간만이 미감을 만족하게 하기 위해 배가 고프지 않아도 동물이나 식물을 기르며 사랑하는 척하다 다양한 가학적 행위를 하는 것이다. 지구 위에서 가장 문명이 발달하였던 지역에서 사디즘적인 요리들이 많이 나타나는 것이 이를 증명한다. 고도의 미식은 문화적인 옷을 한층 돋보이게 입은 사디즘의 다른 모습인 것 같다.

문명사회에서 군림하는 인간의 식욕이란 상호 간의 합의에 이루어지는 성욕과 비교하면 훨씬 가학적인 행위다. 먹이사슬의 꼭대기에서 힘없는 동물들에게 서슴없이 가하는 행위는 사디즘적인 기원을 갖는 것 같다. '레어로 익혀 피가 배어 나오는 스테이크를 먹는 것은 날것을 먹던 본능의 추억은 아닐까? 그래서 잠재된 본능으로부터 끊임없이 뱀파이어의 이미지를 만들어내는 것은 아닐까?' 하는 생각이 들었다. 한국에서도 별미로 치는 요리 중 이런 잔인한 요리들이 많다. 살아있는 빙어에 밀가루를 묻혀 기름에 튀기기, 입속에서 꿈틀거리는 산낙지 통째로 먹기, 미꾸라지를 산채로 끓는 물에 넣기, 살아있는 작은 생선을 고추장에 비벼 그대로 먹기 등등. 인간의 사회적인 모든 제도로 간신히 눌러 놓은 본성들이 식욕으로 사회 여기저기에서 작은 활화산의 분화구처럼 모락모락 김을 피우고 있는 것 같은 느낌이 들곤 한다.

우리가 동물에게만 가학적인 것은 아니다. 예를 들어 일본에서 시작되어 한동안 한국에서도 유행했던 분재만 보아도 얼마나 식물에 끔찍한 짓을 하는 것인지! 관상용으로 즐기기 위해 쑥쑥 자라는 식물을 강제로 눌러 일부러 난쟁이를 만드는 짓이니 말이다.

마찬가지로 우리가 그토록 문화적인 산물로 추앙하는 와인도 식물에 대한 사디즘이 어디까지인지 잘 보여준다. 포도나무를 심어놓고 극도로 괴롭힐수록 좋은 포도를 얻을 수 있다. 아픈 만큼 성숙해진다고, 척박한 땅에 심어 놓고 거기다 물까지 주지 않으면 포도 뿌리는 지하수에 닿기 위해 흙과 돌멩이 사이로 파고든다. 이 과정 중 토양에서 만날 수 있는 다양한 미생물이나 미네랄을 흡수하고 깊은 땅속의 청정 지하수를 포도 알갱이 속으로 빨아올린다. 좋은 와인을 만드는 포도일수록 그 괴로움은 배가 된다. 때로는 일부러 단위 면적당 포도나무를 최대한 많이 심기도 한다. 땅 위에서 경쟁이 많을수록 땅 밑 뿌리는 더 깊이 파 내려갈 수밖에 없기 때문이다. 물론 포도나무 한 그루당 열리는 열매의 수를 극단적으로 축소해서 적은 수의 포도 알갱이에 성분이 농축되도록 한다.

이런 포도재배의 사디즘적인 면이 한층 강조된 것이 보르도나 독일, 헝가리 등에서 만드는 디저트용 귀부 와인(Noble Rot)이다. 이 와인은 특이한 기후조건하에서 생산되는데, 강가의 축

축한 공기가 새벽에
앞산과 만나 뽀얀 물
안개를 피우면 습도가
높아져 포도에 곰팡이
가 번식하기 좋은 조
건이 된다. 하지만 오
후가 되어 햇빛이 작
렬하면 곰팡이가 바

귀부 와인(Noble Rot)을 만들기 위해
곰팡이를 피운 포도

짝 마르기 때문에 더는 부패가 진행되지 못한다. 다음날 오전
에는 또 물안개가 피고 오후에는 바짝 마르고 이런 과정이 반
복되면 포도의 수분이 증발해 당도가 높아지면서 곰팡이가 지
속적으로 포도에 붙어 있어 특이한 향이 배게 된다. 한 마디로
포도나무를 괴롭힐 수 있는 한 최대한 병마에 시달리게 하고
햇빛에 그대로 노출해 건조해가며 만든 와인이라는 거다. 완전
포도나무를 생 고문해서 만든 와인이다. 이는 거위의 목을 묶
여 먹이를 억지로 삼키게 하여 지방간으로 만드는 푸아그라와
그 고문의 강도가 다를 바 없다.

더 아이러니한 것은 전통적으로 이런 방식으로 만든 보르도
의 스위트 와인인 소테른과 푸아그라를 함께 먹는 것을 최고의
미식으로 여겨왔다는 것이다. 또 다른 사디즘의 예인 캐비아
는 카사노바에 러시아 황제의 이미지까지 더해져 20세기에 와
서 미식가들의 폭발적인 인기를 얻었고 그 때문에 알을 밴 철
갑상어들은 모조리 인간의 손에 참수당해야 했다. 바다에서부

터 강 하구를 거슬러 알을 낳으러 온 불쌍한 철갑상어들은 살아있는 상태에서 배를 가른 후 알을 빼앗긴 것도 모자라 이젠 멸종위기에 처해 있다. 연어 등의 물고기도 이와 다르지 않다. 어떻게 알을 낳으러 연안을 거슬러온 물고기를 잡아 배를 가르고 알을 빼내는지, 곰곰이 생각해보면 내가 캐비아를 먹어야 하는가 말

가바주(gavage) 과정

아야 하는가의 딜레마에 빠지게 된다. 최고의 신선도를 유지하기 위해 캐비아는 살아있는 상태의 철갑상어를 거꾸로 매달아 놓고 배를 갈라 얻어야 한다. 이 과정은 살아있는 곰에서 웅담을 채취하는 것만큼 잔인하다. 그러나 푸아그라와 송로버섯, 캐비어를 빼고 프랑스의 미식을 논할 수 있을까? 이것이 가장 큰 아이러니 같다.

## 프랑스 미식의 상징인 거위 간과 트러플 그리고 캐비아

### 거위 간

2005년, 프랑스 국회에서 거위 간을 프랑스 문화유산으로 보호해야 한다는 법률을 통과시켰을 정도로 프랑스인들의 거위 간에 대한 사랑은 유별스럽다. 프랑스 요리사라면 누구나

푸아그라(foie gras)

자신의 메뉴에 넣고 일반 가정에서도 크리스마스나 새해 식탁에 꼭 올리는 요리다. 거위 간은 프랑스어로는 푸아그라(foie gras)라고 하는데 기름이 낀 간이라는 뜻이다. 한마디로 지방간을 말하는 것이다. 이는 철새들이 피하지방이 아닌 간에 지방을 축적하는 생리를 이용한 것인데 철새들은 가을이 되면 엄청난 양의 먹이를 섭취하여 간의 해면질 사이사이에 각종 영양분과 지방질을 잔뜩 비축하기 시작한다. 바다를 건너고 산을 넘어 대륙을 횡단하는 여행 동안 오랜 시간 먹이를 구하지 못할 경우를 대비하는 것이다. 거위 간은 이런 생리를 이용하여 인공적으로 간을 부풀린 것이다.

푸아그라가 전 세계 동물 애호가들의 집중포화를 받는 이유는 바로 비대해진 간을 얻기 위해 거위를 다루는 과정이 잔혹하기 때문이다. 거위를 잡기 전 2~3주에 걸쳐 가바주(gavage)라는 과정을 거쳐야 하는데 거위를 꼼짝달싹 못하게 창살에 일렬로 세워 가둔 뒤 목에 깔때기를 꽂고 기계로 먹이를 쑤셔 넣는 것이다. 자기 몸통만 간신히 세울 수 있는 철창 안에 갇힌 새들은 반항 한번 못하고 헐떡이며 먹이를 위장에 직접 받을 수밖에 없다. 이 과정에서 장이 파열되어 죽는 거위도 허다하다. 전통적으로는 거위를 사용했지만 현대에는 좀 더 기르기가 수월

한 오리도 많이 사용한다. 거위 간이 좀 더 섬세한 맛이 있어 선호하는 사람들이 많지만 사람에 따라서는 오리 간을 더 좋아하기도 한다. 동물 애호가들의 반대에도 프랑스인들은 꿈쩍도 하지 않고 푸아그라 사랑에 변함이 없다.

그럼 인간이 거위 간을 먹게 된 것은 언제부터일까? 이집트 피라미드에서 거위에게 먹이를 투입하는 벽화가 남아있는 것으로 보아 그 역사는 아주 오래된 것 같다. 이후 그리스와 로마인들을 통해 서유럽까지 들어오게 되었는데 이를 정교하게 발전시킨 것이 바로 프랑스인들이다. 알자스 지역에 이주한 유대인들이 최초로 만들기 시작하여 중세에는 농민들이 영양을 보충하던 서민 음식이었다. 그러나 프랑스의 문화가 정점을 향해 올라가던 17~18세기에는 왕의 식탁에 오를 정도로 그 위치가 상승했다. 현재 푸아그라는 AOC 등급으로 국가적인 원산지 관리를 받는다.

통 푸아그라는 팬에 살짝 지져 발사믹 소스를 뿌려 샐러드

페스츄리로 감싼 푸아그라 파테와
살짝 구운 바케트

와 함께 에피타이저로 나오기도 하고 스테이크 위에 올려 메인 요리와 함께 먹기도 한다. 흔히 생각하는 소나 돼지의 간처럼 퍽퍽함이 전혀 없어 입속에서 사르르 녹으며 끝에 남는 고소함이 일품이다. 하

지만 너무 미끈한 간의 느낌과 특유의 향을 싫어하는 사람들도 있다. 간이 통째로 든 푸아그라 외에 야채나 허브 등과 섞어 갈아서 만든 파테(paté)도 많이 먹는데 살짝 구운 얇은 빵에 발라먹는다.

## 땅 밑의 검은 다이아몬드, 트러플(Truffle)

10월이 되면 남프랑스나 이탈리아 피에몬테 지방에서는 트러플을 채집하여 열리는 장이 선다. 긴 탁자 위에 올려진 바구니들 안에는 트러플이 가득히 담겨있고 여기저기를 둘러보며 좀 더 좋은 녀석들로 고르려는 외식업 종사자들이나 일반인들로 문전성시를 이룬다. 시장 전체에도 트러플의 매캐한 향이 그득하다. 보통 추가 달린 저울에 달아 파는데 산지에서 사도 그 가격이 만만치 않다. 그래서 19세기에 『미식의 심리학』이란 책으로 유명해진 브리아 사바랭은 트러플을 '땅 밑의 검은 다이아몬드'라고 표현했다. 생긴 것은 꼭 흙덩이를 뭉쳐 놓은 것처럼 맘대로 생겼지만 맛은 다이아몬드급인 것이다.

트러플은 불어로 트뤼프(Truffe), 동양에서는 송로(松露)라고 부르는데 버섯의 일종이다. 하지만 말이 버섯이지 지상 위에 동그랗게 갓이 솟아오른 일반 버섯들과는 전혀 다른 종으로 땅위가 아닌 땅속에서 균사를 퍼트리며 생장한다. 재미있는 것은 감자가 뿌리가 아니라 줄기라는 사실에 놀랐던 것처럼 트러플도 뿌리가 아니라 열매라는 사실이다. 그런데 땅 밑에 있어 광합성을 할 수 없으니 다른 식물의 뿌리에 기생할 수밖에 없으므로 참나무와는 떼려야 뗄 수 없는 관계이다. 현대에는 트러플을 참나무 숲에서 양식하지만 이전에는 우리나라 심마니들이 산삼을 캐러 다니는 것과도 비슷한 노력으로 채취했었다.

카바두(cavadou)

트러플을 따는 사람을 까뵈르(Caveur)라고 하고 버섯을 캐는 날렵한 곡괭이를 카바두(cavadou)라고 하는데 모두 동굴이라는 의미의 까브(cave)에서 파생된 말이다. 이들은 산삼을 캐는 사람들처럼 자신이 발견한 트러플 서식지를 절대로 남에게 알리지 않는다. 지상에서는 그 흔적을 찾을 수 없으므로 전통적으로 후각이 예민한 동물이나 곤충을 이용했다. 주로 트러플을 먹여 키운 돼지나 알을 까기 위해 다 자란 트러플향에 달려드는 성질이 있는 노랑파리를 이용했다. 하지만 현대에는 다루기

블랙 트러플(black truffle)

가 좋은 개를 훈련시켜 찾는다. 동물이 나무 밑에 코를 대고 쿵쿵대며 발로 파기 시작하면 그곳에 잘 익은 트러플이 있다는 말이다. 30cm 정도 땅을 파 내려가야 하

는데 아주 조심스럽게 파
야 한다. 상처가 나고 잘
린 것은 상품가치가 떨어
지기 때문이다. 향이 날아
가지 않도록 주변의 흙과
함께 퍼올려서 신주 다루
듯 헝겊에 잘 감싼다.

화이트 트러플(white truffle)

트러플은 여러 가지 종류가 있고 중국에도 있지만 맛과 향
이 그윽해 미식 요리에 쓰이는 최고품은 남프랑스산 블랙 트
러플(black truffle)과 이탈리아 피에몬테산의 화이트 트러플(white
truffle)이다. 화이트 트러플이 더 고급이지만 20일 이내에 생으
로 먹어야 하므로 현지에 직접 가기 전에는 구경하기가 어렵다.
그래서 우리나라에서는 화이트 트러플을 넣어 만든 오일을 사
용해 샐러드나 요리에 맛과 향미를 더하는 경우가 많다. 블랙
트러플도 물론 현지에서 생으로 먹는 것이 가장 풍미가 좋지만
화이트와 비교하면 살균·가공해서 대량 유통이 가능하다. 그
러나 살균을 하면 무게도 15~20% 정도 줄고 맛과 향도 많이
날아가므로 본래의 그 미감을 살리기는 어렵다.


바다의 검은 진주, 캐비아

알 속에는 최초의 생명체가 가진 잠재력이 고스란히 들어
있다. 알은 하나의 개체로 성장할 영양분의 보고이다 보니 달
걀이나 메추리 알, 오리 알 등은 지구 위에 있는 모든 인간의

식생활과 떼어 놓을 수 없는 음식재료가 되었다. 또 민족마다 특별한 어류의 알을 즐기기도 한다. 우리도 어류의 알을 아주 좋아하는데 명란젓과 성게 알, 가을철이면 밥알 같은 주꾸미 알이나 톡톡 깨 먹는 재미가 있는 도루묵 알까지 우리의 미각 은 끝이 없다. 그런데 지구 위의 모든 알 중 가장 최고의 위치 에 올라 있는 것이 바로 캐비아다. 페르시아인들이 가장 먼저 먹기 시작해 이집트인, 그리스 로마인들을 통해 전해진 캐비아 는 그리스의 희곡 작가인 디필루스의 작품에서도 언급하고 있 으며 아리스토텔레스도 '꽃으로 장식된 캐비아 요리가 나왔다' 는 기록을 남기기도 했다.

고대부터 귀족들이 캐비아를 즐겨 먹은 이유는 맛도 있지만 정력에 좋다는 속설 때문이기도 했다. 그래서 희대의 바람둥이 들은 모두 캐비아 광이었다. 캐비아가 더욱 고급스러운 이미지를 갖게 된 것은 프랑스 산 샴페인 때문이다. 러시아 황제 차르 알 렉산더 2세는 샴페인 마니아였다. 프랑스 의 루이 뢰데레(Louis Roedérer) 사에 최고의 샴페인을 특별 주문까지 할 정도였다. 그 래서 탄생한 것이 불후의 명작 크리스탈 (Cristal)이다. 크리스탈은 이름 그대로 어두 운 초록색의 일반 유리 샴페인 병과 달리 투명한 크리스탈로 제작하여 병목에는 황

크리스탈(Cristal)
샴페인

91

실의 문장을 새겨 넣었다. 이와 함께 차르 알렉산더 2세의 식탁에 올라간 요리가 바로 캐비아였다. 사실 캐비아는 원래 러시아나 이란에서는 가난한 자들이 종교적 금식 기간에 육류 대신 섭취하기도 하던 일반적인 음식재료였는데 차르 알렉산더 2세 시대부터 황제의 식탁에 오르는 영광을 갖게 되어 신분상승을 하게 되었다. 이는 곧 귀족들이나 부르주아들이 맛보고 싶어 하는 요리가 되었다. 카사노바와 차르 알렉산더 2세 덕분에 캐비아와 샴페인은 20세기에 와서도 그 인기가 식을 줄 몰랐다. 20세기 자유와 민주주의의 시대가 되자 세기의 내로라 하는 부자들이 너도나도 황제가 먹었다는 캐비아를 찾았다. 이 때문에 철갑상어는 멸종위기에 처해 진귀한 재료로 희소성과 가치를 더해갔다.

철갑상어는 우리가 생각하는 바다의 무법자 조스 같은 식인상어가 아니라 코에 기관총 같은 게 달린 못생긴 녀석이다. 게다가 시력이 나빠 앞을 잘 못 보기 때문에 아주 천천히 움직인다. 30년까지도 산다는데 주변 환경에 민감해서 조금이라도 오염되면 생명을 유지하기 어렵다고 한다. 예전에는 러시아와 이란의 국경지역인 카스피 해에서 많이 서식하였고 흑해와 캐나다, 프랑스의 대서양 연안에서도 잡혔는데 오늘날에 이 지역의 대형 바닷고기들은 거의 멸종위기라 자연산은 만나기 어려워졌다. 오염과 과다어획 때문이다. 카스피 해를 제외하고 흑해 연안 국가들은 포획을 금지하고 있지만 밀렵꾼들의 손은 막을 길이 없다. 프랑스의 지롱드 강은 포도주의 명산지인 보르도

벨루가(Beluga)

를 가로지르며 대서양으로 흐르는데 과거에는 이 강의 하구에서도 철갑상어가 잡혔었다. 1982년까지만 해도 이곳에서 철갑상어 낚시를 했는데 멸종 위기에 처해 금지했다. 몇 년 전 아키텐의 만을 철갑상어 양식장으로 변형하여 캐비아 생산에 성공, 현재는 일본과 미국의 캐비아 시장에서 주요한 위치를 차지하고 있다.

　이 중 가장 몸집이 크고 깊은 바다에 사는 벨루가(Beluga) 종이 희소성이 있어 가장 고급으로 치는데 와인으로 보면 그랑 크뤼급이다. 상어 자체가 크므로 알이 크고 맛과 향이 다양해 '바다의 보석'이라는 별칭에 어울린다. 벨루가보다 아래인 오세트라(Ossetra)는 알은 중간크기이지만 신선한 느낌과 질감, 갈색부터 황금색까지 다양한 색채 등 개성이 강해 이것만 찾는 미식가들도 있다. 세브루가(Sevruga)는 무게가 $20kg$ 내외인데 얕은 물에 살아 비교적 잡기 쉽다. 전체 캐비아 생산량의 60~65%를 차지하는데 가격이 저렴하고 알이 작아 같은 무게라도 훨씬 양이 많아 보이게 스타일링 할 수 있다는 장점이 있다. 이처럼 세계 3대 캐비아 외에도 알베르타(Alverta)라는 희색의 알비노 철갑상어 종이 있는데 벨루가만큼 희귀한 종이라 예전에는 황제의 식탁에만 올리기 위해 일반인들의 포획이 금지되어 '황제의 캐비아(Imperial Caviar)'라는 별명이 붙었지만 현재는 양식이 가능하다. 바에리(Baeri) 종은 유럽에서 가장 많이 양식되며 프랑스 지롱드에서도 이 품종이 많이 양식된다. 칼루가(Kaluga)는 중국의 후베이 성에서 많이 나는 캐비아로 카스피 해에서 나는 것보다는 질이 떨어지지만 현재 러시아의 전문가들에게 계속 조언을 받아 품질이 좋아지고 있다고 한다. 이 외에 태평양에서 잡히는 연어(Oncorhynchus keta)와 송어의 알 역시 철갑상어의 알은 아니지만 나름대로 맛과 감촉이 있다. 가격이 저렴하다 보니 캐비아의 대체품으로 많이 쓰인다. 캐비아는 신선한 철갑상어에서 알을 꺼내 체로 거른 후 여러 방법을 거쳐 적당히 숙성시켜야만 좋은 풍미를 가질 수 있다. 미식가들이 가장 선호하는 품질은 소금을 5% 함유한 신선한 통알(malossol)이다. 두 번째 품질은 염도 8%로 염장한 것으로 주로 미국시장에서 팔린다. 세 번째는 압착 캐비아로 힘이 없거나 너무 과숙된 알, 또는 조금 찢어진 것 등을 모아 아주 짠 소금물에 담갔다가 압착한 것이다.

그럼 이 진귀한 캐비아는 어떻게 맛보아야 할까? 첫째, 철갑상어는 그 종과 생산된 나라에 따라 맛과 향, 질감이 다르다. 프랑스에서 양식된 캐비아는 숙성을 거의 하지 않아 섬세한 버터와 견과류 향이 입속에서 터진다. 반면에 러시아나 이란산 캐비아는 요오드 향이 더 많이 나고 맛도 훨씬 강하다. 둘째, 양식이냐 자연산이냐에 따라 맛에 차이가 있다. 끝없이 움직이는 바다에서 자란 자연산의 그윽한 맛이 양식산에서는 민

물 냄새와 사료냄새로 반감되는 게 사실이다. 셋째, 알을 채취한 철갑상어의 나이와 염장 후 숙성 정도에 따라 맛이 달라진다. 마지막으로 캐비아를 맛보는

캐비아를 먹는 올바른 방법

온도다. 2~4도 사이에서 냉장 보관하며 와인처럼 15분 전쯤에 통을 열어 향이 공기와 섞여 자기 향을 찾게 해주는 것이 좋다. 먹을 때는 온도가 올라가지 않도록 얼음 위에 올려놓는다. 주의할 점은 절대로 금속성의 스푼을 쓰지 않도록 한다. 금이나 은도 안 되며 자개나 뿔로 된 스푼으로 원래의 용기에서 그냥 먹는 것이 가장 좋다. 만약 장식을 위해 다른 그릇에 옮겨 담더라도 금속으로 된 그릇은 피한다.

대부분 고급 음식재료가 그렇듯이 캐비아 역시 복잡한 조리

얇은 블리니(Blini) 위에 올려진 캐비아

법이 필요 없다. 그냥 입안에 넣고 혀로 살살 굴려서 그 자체를 톡 터트려 먹는 것이 가장 잘 먹는 방법이라고 미식가들은 말한다. 향이 너무 강하다면 얇은 블리니(Blini) 위에 캐비아를 올려 먹기도 한다. 생선 요리에 잘 쓰는 레

몬은 캐비아의 맛을 죽이므로 피해야 하는데 특히 숙성시키지 않은 캐비아와는 더욱 어울리지 않는다. 찐 감자나 삶은 달걀 위에 캐비아를 올려 아뮤즈부슈(Amuse-Bouche)나 전채 요리로 먹어도 좋다. 캐비아는 역시 좋은 샴페인이 제격이지만 과일향이 진하지 않으며 드라이한 화이트 와인도 좋다. 단맛이나 진한 과일 향은 캐비아의 비릿하고 짠맛을 도드라지게 한다. 전통적으로 보드카와는 환상의 궁합을 이룬다고 알려져 왔으나 이는 러시아의 풍습일 뿐이고 많은 미식가가 보드카의 너무 강한 알코올이 캐비아를 죽인다고 생각한다.

### 샤르퀴트리

프랑스의 도시를 거닐다 보면 '샤르퀴트리(charcuterie)'라는 간판들이 보인다. 부슈리(Boucherie)와 함께 있는 경우도 있다. 부슈리란 쇠고기 정육점을 말하고 샤르퀴트리는 돼지고기 전문점을 말하는데 생고기뿐 아니라 돼지로 만든 온갖 가공품을 파는 식료품점이다. 프랑스인들의 돼지 사랑은 한국인보다 더 끔찍해서 돼지고기와 쇠고기값이 비슷하다. 게다가 머리부터 발끝까지 하나도 남김없이 깔끔하게 사용한다. 간이나 창자는 물론이고 껍질까지 요리에 안 쓰는 부위가 없다. 그래서 샤르퀴트리에 들어서면 특유의 꼬리꼬리한 냄새를 폴폴 풍기는 각종 생소시지와 살라미, 생 햄 등이 천장에 주렁주렁 달려있다. '돼지 가공품 종류가 이렇게 많았던가?' 하고 놀랄 정도다.

프랑스의 돼지 가공품 중 백미는 바로 돼지의 뒷다리를 몇

개월, 아니 몇 년을 건조해가며 만드는 생 햄이다. 최소 9개월에서 12개월을 숙성하며 내부의 단백질이 서서히 아미노산으로 분해되어 특유의 향과 맛을 갖게 되는 것

샤르퀴트리(charcuterie)

이다. 프랑스의 생 햄은 고기의 신선도가 생명인데다 발색제인 아질산염(Polyphosphates)이나 화학품을 첨가하지 못하도록 법으로 엄격히 규제되어 있기 때문에 프랑스의 엄마들은 생 햄으로 아기의 첫 이유식을 만들어 먹일 정도라고 하니, 그만큼 믿을 만한 슬로우푸드라고 할 수 있다. 프랑스어로는 장봉(jambon)이라 하며 이탈리아어로는 프로슈토(prosuitto), 스페인어로는 하몽(jamon)이라고 한다. 한국에서는 삼겹살을 가장 애용하고 돼지 앞다리로는 족발, 뒷다리는 별로 쓸모없는 부위로 생각해 가격이 싼 것과 비교하면 프랑스는 정반대이다. 삼겹살은 베이컨을 만들고 앞다리는 가열해서 햄이나 소시지를 만들거나 으깨서 반죽으로 만들 뿐 구이로는 잘 먹지 않는다. 반대로 스테이크로는 등심이나 안심을 쓰며 비싼 엉덩이 부분부터 뒷다리까지는 통으로 잘라 소금에 절였다가 겨울부터 통풍이 잘되는 곳에서 해를 넘기며 오래도록 말리고 숙성하는 저장식품으로 만든다. 어떻게 돼지고기를 생으로 먹느냐고 의아해하는 사람들

도 있지만 우리나라에도 꽤 알려진 살라미 역시 돼지고기와 비계를 창자에 넣어 건조한 생 소시지이다. 이는 일정한 환경에서는 생고기가 오랜 시간이 지나면서 부패가 아닌 숙성으로 진행되기 때문이다. 우리나라의 육포와 같다고 보면 된다.

생 햄은 로마 시대부터 특별한 요리로 여겨 황제의 식단에 올랐고 이후 왕실 요리로 꾸준히 인기를 누렸다. 요즘이야 모두 산업화하여 마트에서 사 먹지만 옛날에는 겨우내 두고두고 고기를 섭취하기 위해 집집이 김장김치 마련하듯 겨울이면 생 햄을 만들기 시작했다. 겨울이 너무 따뜻하거나 습하면 낭패를 본다. 날씨가 너무 건조해도 문제다. 이렇듯 자연조건이 맞아야 하므로 프랑스의 생 햄 중 가장 유명한 명품이 바로 스페인 국경 근처 바스크 지방의 바이욘 생 햄이다. 피레네 기슭에서 대서양에 이르는 아두르 강의 만은 모래로 이루어져 있는데 바로 남쪽으로부터의 건조한 바람과 대서양에서 오는 습한 바람이 교차하기 때문에 천혜의 환경을 갖고 있다. 스페인의 이베리코 지방과 기후가 흡사하다. 여기에 이 지역에서 생산되는 소금과 고춧가루가 가미되어 더욱 지역적 특색을 더한다. 바이욘 생 햄은 그 지리적인 특성 때문에 프랑스에서는 유일하게 유럽공동체로부터 지리적 보호인 IGP 등급을 받았다. 돼지의 사육에서부터 사료, 항생물질 금지, 도축, 돼지의 무게와 지방의 양, 산도까지 모든 프로세스를 엄격하게 관리한다.

이외에도 소시송은 소시지와 발음이 비슷한데, 가열해서 만드는 소시지와는 달리 소금과 후추로 고기에 간을 한 뒤 비계

나 향신료 등을 넣어 돌돌
만 후 3개월 정도 말린 것
이다. 우리나라에 잘 알려
진 이탈리아의 살라미도
소시송의 일종이다. 우리가
소시지라고 하는 가공품
은 프랑스어로는 소시스로

부댕(Boudin)

돼지 창자에 고기나 각종 야채를 쑤셔 넣은 것이다. 이때 돼지
피를 섞어 넣으면 우리나라 순대처럼 색이 짙어져 소시스 노아
르(Saucisse noire), 즉 검은 소시지가 된다. 소시즈 중 대장을 써서
내장까지 함께 넣으면 부댕(Boudin)이 되고 부댕에도 피를 섞어
넣으면 부댕 노아르(Boudin Noir), 즉 검은 부댕이 된다.

### 그리고 신은 설탕과 초콜릿을 창조했다

황금을 찾아 인도로 떠난 콜럼버스가 불시착한 미지의 땅에
는 사탕수수와 카카오 등이 널려 있었다. 이 중에서도 사탕수
수의 발견은 유럽 음식문화의 축을 바꾸고 유럽이 자본주의로
발돋움하게 한 중요한 사건이었다.

곰처럼 과일의 즙이나 꿀벌이 모아놓은 벌통을 뒤져 단맛을
찾아 먹던 인간이 최초로 사탕수수의 즙을 농축시켜 결정화
시킨 것은 A.D. 350년경 굽타(Gupta) 왕조의 인도인들이었다고
한다. 8세기경에는 중국과 아랍 세계까지 전해졌고 실용 과학
이 발달했던 이슬람제국은 사탕수수를 재배해 설탕을 추출하

고 압착, 정제하는 기술을 한층 더 발전시켜 대량 생산의 길을 열었다. 하지만 실용과학보다는 신학에 발이 묶여 있던 유럽은 14세기 말이 되었어도 천 년 전 로마 시대 이후로 발전한 것이 없었다. 그러다 보니 동방으로부터 전량 수입에 의존해야 하는 설탕이나 후추는 유럽에서는 아주 귀한 물건이 되어 어마어마한 값을 주고 사야 했다. 오리엔트로부터 들어오는 수입품들이 하역되며 유럽의 문지방 구실을 하던 곳이 바로 북부 이탈리아의 항구 도시들이었다. 그래서 베네치아나 제노바 등은 중세 말부터 경제적 부를 이루었다. 서유럽 내륙의 대부분 땅이 적막한 숲과 황무지로 방치되고 봉건영주들의 장원들로 자급자족하던 11~12세기에 이 도시들이 자치를 이루고 이탈리아가 14세기 이후 찬란한 르네상스로 도약할 수 있는 발판을 마련했던 이유다. 이렇다 보니 설탕은 향신료와 같이 귀하게 여겨져 중세의 프랑스에는 모든 요리에 소금과 설탕 후추 등을 뒤범벅으로 함께 사용하였다. 뭘 해도 설탕을 넣다 보니 따로 단맛만을 내는 요리는 없었다.

그러던 16세기 초, 이탈리아의 선진 도시 국가 피렌체의 메디치가(家)와 프랑스의 정략결혼으로 공녀 까트린느 드 메디치는 기술자와 요리사들을 대거 이끌고 프랑스로 온다. 이는 곧 프랑스 문화의 도약을 의미했다. 이탈리아 요리사들은 능숙한 솜씨로 밀가루와 설탕, 크림 등을 사용해 페스트리와 아이스크림을 만들었다. 왕실이 열광한 것은 당연했고 귀족들도 그 비싼 설탕으로 만든 공예품을 테이블 위에 전시해 자신의 부와

권력을 과시하고 싶어 했다. 요리의 섬세함이나 맛보다 초대객들의 입을 쩍 벌어지게 하는 것이 목적이었던 것이다. 그래서 너도나도 이를 충족시킬 수 있는 예술가를 영입하고 싶어했고 당연히 파티시에도 양성되었다. 까트린느 드 메디치의 섭정 아래에서 왕실의 의사이자 조언가를 지낸 점성술사 노스트라다무스도 자연의 여러 재료를 배합하여 단맛을 만드는 데 많은 노력을 기울였다고 한다.

이렇게 유럽인들의 애간장을 태우던 설탕이 아메리카에는 널려있었다. 서인도제도는 곧 광활한 사탕수수 농장으로 탈바꿈했고 혹독한 더위 속에서도 일할 수 있는 노동력을 위해 아프리카 흑인들은 노예로 팔려가는 신세가 되었다. 뒤이은 커피 농사는 노예무역을 더욱 부추겼다. 17세기가 되자 설탕은 유럽에서 대중화되고 1575년에는 프랑스의 농학자 올리비에 드 세르가 사탕수수가 아닌 사탕무에서 설탕을 추출하는 방법을 밝혀냈다. 설탕을 얻기 위한 끊임없는 연구에 힘입어 결국 1812년, 사탕무에서도 설탕을 정제하기에 이르렀다.

이 시기와 맞물려 아메리카에서 들어온 것이 바로 초콜릿이었다. 콜럼버스는 1502년 네 번째 항해 때 온두라스

올리비에 드 세르(Olivier de Serres)

101

에서 인디언들이 신성한 음료로 여기는 코코아를 맛보았다. 하지만 그는 이 쓸쓸한 음료에 별 감흥을 받지 못했다. 그러나 17년 후 그의 뒤를 이어 남아메리카를 정복한 스페인의 코르테스는 아스텍인들이 접대한 초콜릿을 맛본 후 곧 이 음료의 가치를 알아챘다. 쓴맛을 죽이기 위해 여기에 사탕수수에서 추출되는 달콤한 즙을 가미하는 아이디어를 낸 것도 그였다. 고국으로 보낸 카카오 열매는 스페인에서 대단한 성공을 거두었고 유럽 상류사회에도 보급되기 시작했다. 이 맛에 최초로 반응한 계층은 그 시대에 와인이나 치즈 등의 농산물을 연구, 개발하던 성직자들이었다. 처음에는 쓸쓸한 맛에 거부감을 느꼈지만 여기에 꿀과 바닐라 등을 가미해 맛을 개발하기 시작한다.

이는 곧 이탈리아와 프랑스의 귀족사회에 유행했다. 루이 14세의 베르사유 궁에서는 물에 타서 마시기만 하던 초콜릿을 비스킷과 디저트 등에도 사용하기 시작했다. 1659년 여왕의 시종이던 다비드 샤이유가 최초로 초콜릿을 가미한 비스킷과 디저트를 만들어 독점·납품하기 시작한 것이다. 그는 곧 파리 시내에 상점을 열었고 성직자, 의사, 궁정인들이 단골로 드나들었다.

이후 17세기 말이 되자 초콜릿은 제법 유럽의 식생활 속에 자리 잡기 시작했다. 이와 함께 초콜릿이 가미된 디저트나 케이크류도 발전했다. 프랑스인들의 케이크와 초콜릿 사랑은 중독이라 할 정도로 점점 깊어져 갔다. 카페가 발전하면서 짙은 에스프레소와 다크 초콜릿은 뗄 수 없는 동지가 되었고 케이크는

티 타임이나 디저트의 주인공이 됐다. 이와 함께 초콜릿과 케이크를 잘 다루는 명장들은 스타 셰프 못지않은 국보로 대접받았다.

최초로 프랑스에 초콜릿 전문점이 생긴 것은 1761년 남프랑스 바스크 지방의 바이욘에서였다. 이때부터 프랑스의 셰프들은 초콜릿을 다양하게 사용하기 위해 연구하기 시작했다. 16세기 말에서 17세기 귀족들은 초콜릿에 최음 효과가 있어 성 기능을 왕성하게 한다고 믿었다. 카사노바가 초콜릿이 샴페인이나 굴보다 더 효과가 있다고 했을 정도니 짐작이 갈 것이다. 하지만 이 시대에 초콜릿 또한 설탕 버금가게 비쌌다. 17세기에 초콜릿 500그램이 노동자의 이틀 임금이었고 1900년에 발명된 초콜릿 바는 노동자 하루 임금과 맞먹었다. 그런데 이런 역사적 이야기를 파고들다 보면 최고급(High end) 아이템의 가격은 산업이 발달한다 해도 결코 떨어지지 않는다는 것을 알 수 있다. 남과 다르고 싶어 하는 인간의 욕망은 항상 럭셔리 아이템을 만들어낸다. 초콜릿이 일반화되어 500그램을 슈퍼에서 몇천 원에 살 수 있는 시대가 되었지만 피에르 에르메 같은 장인의 초콜릿을 사려면 여전히 17세기와 동일한 값을 지급해야 하니 말이다.

요즘 서울의 거리에도 단맛이 주는 변화의 물결이 서서히 일고 있는 느낌이 든다. 곳곳에 정통 프랑스식 제과점들이 생기고 케이크가 아름다워지고 마카롱을 손에 든 젊은이들도 눈에 띈다. 한국은 아직 케이크나 초콜릿의 종류가 다양하지 않다 보니 빵집에서 제과, 초콜릿에 일본식 앙꼬빵이나 모찌까지 함께 잡화식으로 취급하고 있지만 창의력 있는 제빵, 제과 전문가들이 늘고 있어 조만간 분야 간의 경계가 확실해지며 혁명이 일 것 같다. 드라마 「내 이름은 김삼순」도 여기에 한몫했다. 전 국민이 케이크와 제과 전문가를 말하는 파티시에(Patissier)라는 프랑스어를 알게 되었으니 말이다. 여기서 세분되어 초콜릿을 다루면 쇼콜라티에(Chocolatier)라고 한다. 식사용 빵을 만드는 사람은 불랑제(Boulanger)라 하고 다양한 음식재료를 다루며 요리를 하는 사람은 뀌지니에(Cuisinier)라고 한다. 프랑스에서 파티시에의 위치는 요리사만큼이나 신화적인 위치를 차지한다. 유능한 파티시에는 쇼콜라티에를 겸하는 경우가 많은데, 왜냐하면 훌륭한 파티시에는 당연히 초콜릿을 잘 다루어야 하기 때문이다. 물론 불랑제를 겸하기도 하지만 설탕을 쓰는 파티시에와는 그 길이 조금 다르다. 자격증을 여러 개 따서 겸업하는 것이 가능하긴 하지만 모든 분야에서 진정한 장인이 되기는 어렵다고 한다.

### 디저트의 예술

17세기가 되자 설탕은 유럽에 대중화되었고 설탕이라면 사족을 못 쓰던 식습관이 변하기 시작했다. 모든 음식에 설탕을 넣어 향신료로 쓰던 것이 이제 설탕만을 사용해서 달기만 한 요리를 만들기 시작한 것이다. 바로 디저트의 발전이었다. 게다가 짠맛과 단맛에 각종 향신료를 함께 넣어 범벅으로 만드는 것보다 서로 분리하면 훨씬 섬세하고 선명한 맛이 나타난다는 사실도 알게 되었다. 동양에서 오는 진한 향신료보다 초지에서 자라는 신선한 허브들을 사용하는 요리들도 생겨났고 스튜로 진하게 졸여 먹던 요리에서 차차 재료를 살리고 소스를 사용하는 요리에 대한 개념이 생겨났다. 아메리카에서 들어온 초콜릿을 물에 타서 마시기만 하다가 요리에 도입한 것도 이 시기였다.

17세기가 되어 메인 요리는 소금으로만 간을 맞추고 디저트는 완전히 독립하여 짠맛과 단맛이 분리되는 프랑스 요리의 기본체계가 완성되었다. 설탕이나 물엿 등을 많이 사용하는 한국 요리는 식사 후 단맛을 내는 음식으로 입안을 마무리할 필요가 없어 디저트가 별로 발전하지 않았지만 메인에 설탕을 거의 사용하지 않는 프랑스 요리에서 후식의 자리는 상당히 중요하다. 디저트가 절정을 이룬 것은 18, 19세기 궁정의 만찬에서였다. 로코코와 신고전주의의 장식미술은 겉치레와 정교한 장식을 중요시했고 이런 시대적인 흐름이 제과예술에도 반영된 것이다. 여기에 정제설탕과 밀가루가 널리 보급된 시기도 바로 이때였다. 왕정 시절, 수십 가지 전채 요리와 수십 가지 메인 요리를 한 상에 모두 차려놓고 뷔페식으로 모두 섞어 배불리 먹은 뒤 이를 모두 다 치운 후 또다시 단맛의 요리로 가득히 테이블을 다시 차리고는 먹고 토하고 또 먹고 하는 식의 연회가 밤새 지속하였다.

현대에도 프랑스 요리를 먹고 난 후에는 꼭 단맛의 디저트가 기다려진다. 특별하게 준비된 멋진 디저트가 없으면 요거트 하나라도 먹어야 뭔가 식사를 끝낸 것 같은 느낌이 든다. 그 이유는 대부분 프랑스 요리는 소금으로만 간을 맞추기 때문이다. 물론 현대의 프랑스 요리는 퓨전도 있고 단맛의 소스를 쓰는 경우도 있지만 그건 특별한 예이고 기본 간은 소금뿐이다. 그러므로 전혀 설탕이 가미되지 않은 전채 요리와 메인을 먹고 나면 단맛의 부족을 느끼고 디저트가 당기게 된다. 반면에 한국 요리는 기본 간에 새콤함과 달콤함, 단맛과 짠맛이 함께 들어가기 때문에 식사를 하는 도중에 이미 단맛의 포화를 느낀다. 그래서 한국 음식을 한 상 차려 먹은 후 또다시 단맛을 포식하기가 어려운 것이다.

그래서 프랑스에는 디저트가 하나의 전문분야로 독립하여 파티스리(patisserie, 케이크류)나 초콜릿이 발전하게 되었다. 전채 요리나 메인은 음식재료가 중요하여 이름이 재료의 느낌을 살려 적어도 스테이크인지, 찜인지, 소스가 무엇인지의 정보를 알려 주어야 하므로 약간은 보수적일 수밖에 없다. 그러나 디저트에 오면 이야기가 달라진다. 완전히 셰프의 창작 그 자체를 반영할 수 있기 때문에 이름뿐 아니라 재료, 형태, 색까지 그야말로 흰 도화지 위에 그린 하나의 작품이다. 오늘 내가 애인을 위해 디저트를 만들었다면 애인의 이름을 붙여 메뉴에 올리면 그만이다. 예를 들어 여자 친구 효리를 위해 딸기 무스에 잣을 넣어 식용 장미로 장식한 디저트를 만들었다면 '효리를 위한 장미꽃 장식의 잣을 넣은 딸기 무스'가 되는 거다. 무궁무진한 조합과

창작으로 만드는 방법이 열려있으면서도 이름 역시 아방가르드한 상상력을 동원하는 것이 허락되는 것이다. 게다가 달콤함이 주는 여성적인 감성과 양이 적다 보니 공간이 많아 더욱 데코레이션을 강조한다. 그래서 유명한 세프들은 자기만의 비장의 디저트 메뉴를 개발하기 시작했고 프랑스 요리의 클라이맥스는 메인을 지나 디저트라고까지 말하게 되었다.

# 시골스러운, 너무나 시골스러운……

프랑스는 전생에 조상이 지구를 구했는지 정말 천혜의 자연을 가진 나라다. 한반도보다 2.5배 정도 큰 땅덩어리 위에 산과 바다가 있고 평야와 강도 넘쳐난다. 여기에 대륙성과 서안해양성, 지중해성으로 알짜배기 기후대는 다 모여 있다. 지천에 요리 재료들이 널려 있고 와인과 치즈 등의 발효식품도 최고의 품질을 자랑한다. 거기다 이들의 음식은 일상적으로 먹어왔을 뿐 아니라 정책적으로 다듬어 완성되어온 거대한 문화유산이 되었다.

필자는 유학시절에 틈만 있으면 기차로 자동차로 프랑스 방방곡곡을 여행하곤 했는데, 한 지역을 벗어날 때마다 요리나 자연풍광이 다르고 지방색이 뚜렷해서 미지의 세계에 대한 호기심을 충족시켜 주곤 했다. 우리가 흔히 생각하는 멋진 레스토랑의 아름다운 프랑스 요리와는 거리가 먼 투박하고 시골스런 음식들은 특히나 즐거움을 더해주었다. 그런데 이들의 끊일 줄 모르는 미식욕은 한국처럼 돼지 창자나 소 내장까지 다 먹어치운다.

필자가 살던 노르망디에는 트리프(Tripes)라는 전통 요리가 있는데 아무리 먹는 거 좋아하는 나도 이건 먹기가 좀 어려울 정도였다. 소의 천엽, 창자, 비계 등을 사과주인 시드르에 쩌낸 스튜 요리로 커다랗고 움푹한 그릇에 푹 퍼서 담겨 나오는데 그야말로 프랑스식 내장탕이다. 주문한 요리가 이렇게 후회스러운 적도 드물었다. 이외에도 못 먹었던 요리가 몇 가지 더 있다. 미식의 도시 리용에서 친구 디디에가 리용의 자랑이라고 데려간 맛집에서 허연 부댕을 한번 먹었었다. 그냥 흰 소시지나 순대 종류라 생각하고 한입 베어 물었는데 고릿한 냄새에 구역질이 울컥 올라오는 것이다. 각종 비계와 기름, 거기에 동물 내장을 가득 채워 넣은 부댕의 맛은 지금도 생각하면 소름이 돋는다. 딱 한 점 입에 넣고는 도저히 먹을 수 없어 친구에게 미안했던 추억이다. 게다가 파리에서 먹은 돼지 족 요리는 발 하나가 통째로 나와 기겁을 한 적도 있다. 아니, 발톱이라도 좀 빼고 삶으면 어디가 덧나냐!

그런가 하면 지중해 변의 항구도시인 마르세유에 가면 온통 '부이야베스'라고 하는 생선탕 전문점으로 가득 차 있다. 아주 고급 레스토랑에서는 웨이터가 옆에 서서 생선을 모두 발라주지만 허름한 곳에서는 그야말로 생선과 게, 해산물이 전부 커다란 도기에 통째로 함께 들어가 있다. 이거 이거, 그 섬세한 프랑스 요리가 맞나 싶다.

하지만 권력의 주변에서 자라온 오뜨뀌진보다도 진정한 프랑스를 만나는 것은 바로 이런 투박한 시골 요리를 만날 때이다. 아주 오래전부터 누가 만들었는지도 모를 레시피로 할머니와 엄마가 해주던 음식들인데 보통 커다란 솥에 오랜 시간 졸이는 스튜 요리들이 많고 칼로리를 생각하지 않는 기름기가 잘잘 흐르는 시골 밥상이다. 친구 까트린은 지금도 자기 엄마가 해주는 요리가 나올 때면 "혜련, 저거 한 접시 먹으면 2,000칼로리야, 그런데 남기면 엄마가 화내"라며 속삭이곤 한다. 멋진 테이블 위에 하늘거리는 은촛대와 함께 즐기는 정찬도 사람의 마음을 홀리지만, 인적 없는 노르망디의 작은 마을에서 고릿고릿한 치즈 냄새와 익어가는 쇠고기 뒷다리 찜을 기다리며 시큼한 싸구려 포도주를 기울이는 그 느낌이 내 오감을 더욱더 만족하게 해주었던 것은 아마도 인간이 태어난 '자연'에 더 가깝기 때문일 것이다.

# 프랑스 음식문화

| 펴낸날 | 초판 1쇄   2012년  8월 15일 |
|--------|--------------------------|
|        | 초판 2쇄   2018년 10월 10일 |

| 지은이 | 민혜련 |
|--------|--------|
| 펴낸이 | 심만수 |
| 펴낸곳 | (주)살림출판사 |
| 출판등록 | 1989년 11월 1일 제9-210호 |

| 주소 | 경기도 파주시 광인사길 30 |
|------|------------------------|
| 전화 | 031-955-1350   팩스  031-624-1356 |
| 홈페이지 | http://www.sallimbooks.com |
| 이메일 | book@sallimbooks.com |

| ISBN | 978-89-522-1917-6   04080 |
|------|---------------------------|
|      | 978-89-522-0096-9   04080(세트) |

## 085 책과 세계

강유원(철학자)

책이라는 텍스트는 본래 세계라는 맥락에서 생겨났다. 인류가 남긴 고전의 중요성은 바로 우리가 가 볼 수 없는 세계를 글자라는 매개를 통해서 우리에게 생생하게 전해 주는 것이다. 이 책은 역사라는 시간과 지상이라고 하는 공간 속에 나타났던 텍스트를 통해 고전에 담겨진 사회와 사상을 드러내려 한다.

## 056 중국의 고구려사 왜곡    eBook

최광식(고려대 한국사학과 교수)

중국의 고구려사 왜곡의 숨은 의도와 논리, 그리고 우리의 대응 방안을 다뤘다. 저자는 동북공정이 국가 차원에서 진행되는 정치적 프로젝트임을 치밀하게 증언한다. 경제적 목적과 영토 확장의 이해관계 등이 복잡하게 얽혀 있는 동북공정의 진정한 배경에 대한 설명, 고구려의 역사적 정체성에 대한 문제, 고구려사 왜곡에 대한 우리의 대처방법 등이 소개된다.

## 291 프랑스 혁명    eBook

서정복(충남대 사학과 교수)

프랑스 혁명은 시민혁명의 모델이자 근대 시민국가 탄생의 상징이지만, 그 실상을 아는 사람은 많지 않다. 프랑스 혁명이 바스티유 습격 이전에 이미 시작되었으며, 자유와 평등 그리고 공화정의 꽃을 피우기 위해 너무 많은 피를 흘렸고, 혁명의 과정에서 해방과 공포가 엇갈리고 있었다는 등의 이야기를 통해 프랑스 혁명의 실상을 소개한다.

## 139 신용하 교수의 독도 이야기    eBook

신용하(백범학술원 원장)

사학계의 원로이자 독도 관련 연구의 대가인 신용하 교수가 일본의 독도 영토 편입문제를 걱정하며 일반 독자가 읽기 쉽게 쓴 책. 저자는 역사적으로나 국제법상으로 실효적 점유상으로나, 어느 측면에서 보아도 독도는 명백하게 우리 땅이라고 주장하며 여러 가지 역사적인 자료를 제시한다.

## 144 페르시아 문화

eBook

신규섭(한국외대 연구교수)

인류 최초 문명의 뿌리에서 뻗어 나와 아랍을 넘어 중국, 인도와 파키스탄, 심지어 그리스에까지 흔적을 남긴 페르시아 문화에 대한 개론서. 이 책은 오랫동안 베일에 가려 있던 페르시아 문명을 소개하여 이슬람에 대한 편견과 오해를 바로 잡는다. 이태백이 이란계였다는 사실, 돈황과 서역, 이란의 현대 문화 등이 서술된다.

## 086 유럽왕실의 탄생

김현수(단국대 역사학과 교수)

인류에게 '예술과 문명' 그리고 '근대와 국가'라는 개념을 선사한 유럽왕실. 유럽왕실의 탄생배경과 그 정체성은 무엇인가? 이 책은 게르만의 한 종족인 프랑크족과 메로빙거 왕조, 프랑스의 카페 왕조, 독일의 작센 왕조, 잉글랜드의 웨섹스 왕조 등 수많은 왕조의 출현과 쇠퇴를 통해 유럽 역사의 변천을 소개한다.

## 016 이슬람 문화

이희수(한양대 문화인류학과 교수)

이슬람교와 무슬림의 삶, 테러와 팔레스타인 문제 등 이슬람 문화 전반을 다룬 책. 저자는 그들의 멋과 가치관을 흥미롭게 설명하면서 한편으로 오해와 편견에 사로잡혀 있던 시각의 일대 전환을 요구한다. 이슬람교와 기독교의 관계, 무슬림의 삶과 낭만, 이슬람 원리주의와 지하드의 실상, 팔레스타인 분할 과정 등의 내용이 소개된다.

## 100 여행 이야기

eBook

이진홍(한국외대 강사)

이 책은 여행의 본질 위를 '길거리의 철학자'처럼 편안하게 소요한다. 먼저 여행의 역사를 더듬어 봄으로써 여행이 어떻게 인류 역사의 형성과 같이해 왔는지를 생각하고, 다음으로 여행의 사회학적 · 심리학적 의미를 추적함으로써 여행에 어떤 의미를 부여할 것인가에 대해 말한다. 또한 우리의 내면과 여행의 관계 정의를 시도한다.

## 293 문화대혁명 중국 현대사의 트라우마

eBook

백승욱(중앙대 사회학과 교수)

중국의 문화대혁명은 한두 줄의 정부 공식 입장을 통해 정리될 수 없는 중대한 사건이다. 20세기 중국의 모든 모순은 사실 문화대혁명 시기에 집약되어 있다고 해도 과언이 아니다. 사회주의 시기의 국가·당·대중의 모순이라는 문제의 복판에서 문화대혁명을 다시 읽을 필요가 있는 지금, 이 책은 문화대혁명에 대한 안내자가 될 것이다.

## 174 정치의 원형을 찾아서

eBook

최자영(부산외국어대학교 HK교수)

인류가 걸어온 모든 정치체제들을 매우 짧은 기간 동안 시험하고 정비한 나라, 그리스. 이 책은 과두정, 민주정, 참주정 등 고대 그리스의 정치사를 추적하고, 정치가들의 파란만장한 일화 등을 소개하고 있다. 특히 이 책의 저자는 아테네인들이 추구했던 정치방법이 오늘 우리 사회가 당면한 문제를 해결할 수 있는 지혜의 발견에 도움을 줄 수 있을 것이라고 말한다.

## 420 위대한 도서관 건축순례

eBook

최정태(부산대학교 명예교수)

이 책은 도서관의 건축을 중심으로 다룬 일종의 기행문이다. 고대 도서관에서부터 21세기에 완공된 최첨단 도서관까지, 필자는 가능한 많은 도서관을 직접 찾아보려고 애썼다. 미처 방문하지 못한 도서관에 대해서는 문헌과 그림 등 가능한 많은 정보를 수집하려 노력했다. 필자의 단상들을 함께 읽는 동안 우리 사회에서 도서관이 차지하는 의미에 대해 다시 생각하게 된다.

## 421 아름다운 도서관 오디세이

eBook

최정태(부산대학교 명예교수)

이 책은 문헌정보학과에서 자료 조직을 공부하고 평생을 도서관에 몸담았던 한 도서관 애찬가의 고백이다. 필자는 퇴임 후 지금까지 도서관을 돌아다니면서 직접 보고 배운 것이 40여 년 동안 강단과 현장에서 보고 얻은 이야기보다 훨씬 많았다고 말한다. '세계 도서관 여행 가이드'라 불러도 손색없을 만큼 풍부하고 다채로운 내용이 이 한 권에 담겼다.

# 역사 · 문명

eBook 표시가 되어있는 도서는 전자책으로 구매가 가능합니다.

㈜살림출판사
www.sallimbooks.com
주소 경기도 파주시 문발동 522-1 | 전화 031-955-1350 | 팩스 031-955-1355